開運!

オカルト実用大全

秋山眞人
布施泰和［協力］

河出書房新社

カバーデザイン◉スタジオ・ファム
カバーCG◉imagenavi
本文イラスト◉青木宣人

本当に役に立つ精神世界の知恵と技法の集大成——まえがき

皆さんが「オカルト」という言葉を聞いて真っ先に思い浮かべるのは、どんなことでしょうか。心霊現象、超常現象、UFOや宇宙人、念力や予知、透視能力などの超能力でしょうか。

私は、これまで多くの経営者とお付き合いさせていただき、中には財界の中枢を担う方も多数いました。彼らは、常に情報やデータを分析し、的確に経営判断をおこなおうと必死です。その一方で、オカルト的な見えない世界に強い関心をもち、精神世界の呪術的ノウハウを、開運や意思決定に活用していることを、私は生《なま》で見てきました。その絶妙なバランスが「成功」をもたらしていたのだと思います。

時に、一見、不可能とも思える夢を実現させたりしながら、多くの人と共に充実した人生を送るというテーマのために、オカルトの知恵、技法は、私たちの生活全般でますます重要さを増していると感じています。

さて、私が「精神世界」といわれるカテゴリーの住人になってから、あっという間に五〇年近くの月日が流れました。最初のころは手さぐりでしたが、試行錯誤《しこうさくご》を続けた結果、一つの結論にたどり着きました。

それは、いわゆる「超能力」は誰もが潜在的にもっている根源的な力であるということ。その力を伸ばしてゆくことが究極的に人類を平和へと導くカギになると本気で考えています。大上段に構えてしまったかもしれませんが、その潜在能力としてのスーパーパワーは、実はあなたの心を大きくし、自由にし、強くする能力と同義なのです。

皆さんの個々の力を使って、社会にどのように貢献できるか、どれだけ皆を楽しくさせ、自分も楽しませることができるか、という探求ができてはじめて、社会全体を潤《うるお》わせていくことができるはずです。そういう時代に突入したのがいまであると私は確信しています。これからの時代は、自分の心を大きく、強く、美しくするためのノウハウが不可欠なのです。そこで、「精神世界」で長く大切にされてきた哲学、あるいは数千年にわたってタイムカプセルのごとく原始信仰の世界などに秘められてきた能力解放、活用の奥義《おうぎ》を、本書で紹介してゆきます。

私はこの数十年、世界中の責任ある人たちが、責任が大きく重いからこそ悩み、苦しむ場面に立ち会ってきました。多くの人たちが権利主張ばかりする中で、責任ある世代が、不本意に能力を削《そ》がれたり叩かれたりして、精神的なダメージを受けるケースをたくさん見てきました。

私の人生は、そういう真のリーダーたちの苦悩を取り除こうとして奔走《ほんそう》してきた人生だったといっても過言ではありません。世界中の王族、政治家、芸能界の重鎮《じゅうちん》、宗教家から技術者、科学者に至るまで、様々な分野の人たちのメンタル・タフネスを支えてきたのも事実です。

思えば一三歳のころ、「スプーン曲げ」を体験したり、一般には見えないものを見たりしてこの世界で生きてきたのです。それによって「精神世界の実践・求道者」が私の運命の道筋となりました。けっして学者や研究家として入ったわけではなかったのです。しかし、何とかこの分野にある「真に重要な真実」を学術分野の方とも安全な形で共有するために、私自身がアカデミズムの世界に入って、彼らと共に研究することもおこなってきました。科学と能力者双方が歩み寄る必要があるのです。

現在は封印されているものの中にこそ、一〇〇〇年前の先祖たちには心のよりどころであり、社会や文化の主流であった価値ある重要なものが秘められています。そこには、能力開発の非常に重要な基礎となる叡智《えいち》があります。それらを活用すれば、夢を実現し、心豊かな生活を送ることができます。傷ついた人を癒やすことも可能です。同時にそれは、一般の人が「精神的に高みに昇ることを可能にする能力開発法」として十分に活用できるものでもあるのです。

私はそれらを皆さんと少しでも分かち合うために、大学院などで心理学や哲学、宗教学を学んで、少しでも言葉で説明できるよう努めてきました。本書では、これまで学び、実践してきた精神世界的な能力開発などのオカルトの奥義を実践しやすいよう総集編的にまとめることにしました。そのような機会がようやく訪れたことは、喜ばしい限りです。本書のノウハウをぜひ試してみてください。活用してみれば驚くことがたくさんあります。

秋山眞人

序章 運命の流れがつかめる「オカルトの本質」を知る

1章 自分の「運の特性」を活かし、神秘の「超パワー」を発動する

2章 未来を「予知」して「吉凶」を正確に読む

3章 パワーアイテムの呪術で「運気」を劇的に好転させる

4章 人生を変え、成功に導く「スピリチュアル」思考法

序章 運命の流れがつかめる「オカルトの本質」を知る

●潜在能力を高めるための三つの条件

オカルトなどは百害あって一利なし、という人も世の中にはまだまだ多いのかもしれません。でも真実は、その逆なのです。オカルト的能力なしに成功した人はおそらく皆無です。ビジネスの成功者も画期的な発見をした科学者も皆、オカルト的な体験をしていることは、数多くの記録に残っています。

経済学・政治学・法学の巨人、小室直樹先生は、その著書『数字を使わない数学の講義』（ワック出版／二〇一八）で、テレパシーが存在することは証明されていると書いていて、それが本格的に研究されていないことは科学の現状の問題であることを鋭く指摘しています。

オカルトの本質は、科学でとらえるには大きすぎるテーマです。それは、巨大で神秘的な、神々《こうごう》しい宇宙本来の力とつながることにほかならないからです。「宇宙即我」の一瞬を感じた人は、感動と共にあらゆる能力が爆発的に向上します。しかもオカルト的な力は、誰もが生まれながらにもっています。ただ、その能力に蓋《ふた》をしてしまって、発揮できずにいるだけです。だからまず、自分には神秘的な宇宙の力とつながる「心の奥行き」が生まれつき備わっているのだということを認識することから始めなければなりません。

追い追い詳しく説明してゆきますが、生まれつきもっている潜在能力を高めるためには三つの条件、大きな柱があります。

最初に必要なのは、自分に能力があるということを強く確信することです。すべてを可能にする能力がそもそも自分の中に〝すでに〟あるのだと決めてしまうのです。そうした能力はもともと、私たちに生み付けられているのは事実です。それは宇宙の絶対的存在である意志から与えられたものといっていいでしょう。

もし「宇宙の意志」が信じられなければ、「宇宙の法則」と考えてもいいでしょう。宇宙の絶対性によって、「グレートアーキテクト（偉大なる創造者）」とも呼べる最大の宇宙法則によって、すでに私たちは生まれたときから自分のすべてを描ける「最高の幸せ」を得られる力を内在させているのです。後はそれを極美の蓮の花のように外側に開かせて、喜びと共に表現するかどうかにかかっているだけなのです。

その表現の舞台こそ、私たちが住む「このいまの世界」です。「物質」という表現の道具があって、そこにあなたの「心」を入れていく、心を向けていくという作業を、いま、おこなうのです。まさしくクリエイションです。

巷《ちまた》では「成功哲学」とか「ポジティブ・シンキング」とかいろいろいわれていますが、それらはタイトルやプロセスは良くても、多くの人の考えを根本から向上させたようには見えません。本当に実績のあるノウハウこそ、いまは求められているのだと思います。

多くの権威ある覚者《かくしゃ》が説いているように、あなたはすでに、宇宙に匹敵するような能力をもっていることを知ることです。権威あるノウハウとは、結局「吾《われ》即宇宙力なり」ということを知ることから始まります。イメージの中では、いますぐに、思いを変えることができるのです。私たちは宇宙であり、光であり、太陽であるというダイナミックなビジョンをしっかりと最初にもつことです。

その宇宙、光、太陽が鎮座《ちんざ》する寺院こそが、私たちの身体なのです。身体は宇宙力を秘めた寺院であり、神殿でもあります。そのように考えると、イメージしやすいかもしれません。それをどのように構築するかも本書で詳しく語っていくつもりです。

次に必要なのは、心を常時クリーニングし、癒やすことです。様々な不安や不満、迷い、嫉妬、敵意、殺意といったモノにいま、もし万が一さらされているとしても、それをきちんと癒やす技術と自信を自分のなかに確立することです。不満や不安、迷いは能力に最も強い蓋をします。

ただ癒やすといってもそれは、大義名分だとか、目先の気持ちで「いいね」をたくさんもらうということではありません。そのようなことで心が癒やされるはずがないのです。ネット上で上辺だけの「いいね」や「共感」をもらっても、何の足しにもならないし、幸せにはなれません。

なぜなら、癒やしは人にもらうものではないからです。「宇宙の意志と自分のつながりの中で自分を癒やす」のが、本当の癒やしであるということに心の底から気がつくことです。

そのためには、人からの邪念をかわしたり、軽減させたり、良いほうに理解したりする技術が必要です。また、自分の「表現力」を良い方向に変えていかなければなりません。

もしいま、心が傷ついているのだとしたら、少しでも自分の心をなだらかにするという技術こそ必要になるでしょう。その技術のごく一部は例によって「マインドフルネス」のように横文字で書かれたりしますが、要は「豊かでソフトな質の高い瞑想《めいそう》」をすることなのです。

いままでの「瞑想」だけでは人類は救われません。いまある瞑想をさらに技術更新して、瞑想の何が人を癒やすのかということをはっきりさせ、簡単に実践できる技術にまで落とし込まなければ意味がないのです。詳細は本書で明らかにしますが、早急に自分自身を癒やす技術を取得することは極めて重要な条件です。

最後の三つ目は、自分の心を整理、分析、理解することです。要は、心の中のイメージを、きちんと、きれいで力強いリアルなものにするために行動をおこすことです。

これまで説明した、「自分の自己像、身体こそが、強大な力が鎮座する場所なのだということを明確に理解すること」や「自分の癒やしのテクニックを身につける」などは、学べば頭の中でわかることとです。ただ、心の整理は言葉で学んだだけではうまくいきません。日々の修行が必要です。それは、自分が成功する、幸せになるということにおいて絶対的に正しい習慣を楽しく続けるということなのです。

●なぜ、心を整理することが大切なのか

精神世界ではよく、修行をした人がすばらしいといわれます。私も超能力少年としてこの精神世界にデビューしたとき、「君はどのような修行をしたのか」とよく聞かれました。当時は多くの人が、修行をした人こそ能力者という、宗教的な思い込みを強くもっていました。確かに私も、滝行などの山岳信仰の修行をしたことはあります。命を掛けた断食にも挑戦しました。

しかし、結局わかったのは、修行をするということは、実は、習い学ぶということであり、心を整理することを日々、繰り返すことなのです。難行苦行《なんぎょうくぎょう》が自己を解放しないことは、すでにシャカ（釈迦）が証明済みです。

「もう能力開発の本はさんざん読んだが、実践してもうまくいかなかったのでやめた」という話もよく聞きますが、半信半疑のまま何回実践しても、うまくいきません。うまくいかない原因の分析こそが成功をもたらすのです。自分の成功を否定した瞬間に、可能性の門は閉じてしまうのは自然なことです。「信じているが、何もやっていない」という人は、もっと残念といえるでしょう。精神世界を肯定しているという人の中にも、このタイプの人は少なくありません。「適当にやったら適当に成果が出た。でもこの程度か」と高《たか》を括《くく》り、そこで自分の能力に蓋をしてしまう人もいます。自分の能力を完全に信じていないからこそ、そこそこのところで止まってしまうのです。

信じるレベルが小さければ、能力も小さいままです。自己像の掘り下げが弱いと、能力は停止するのです。その掘り下げに欠かせないのが、「心の整理」という修行です。

目先の「信じる」とか「信じない」という考えから離れて、ただ淡々《たんたん》と心を整理するというトレーニングを積み上げていくことが大切です。簡単であっても重要な意味のある、奥行きとつながる尊厳のある修行・トレーニングを一日数分でもいいから積み上げるのです。信念の厚みを形成することによって、思いもよらない奇跡的な変化が早く訪れるようになります。人生の驚くべき奇跡に触れる頻度が早まり、それが周りで増えてきます。

宝くじが当たるような「確率の望むべき変化」を、奇跡を引き寄せるがごとく体験したいと思いませんか。

私からすれば、「運」は偶然ではなく、明確な能力の結果なのです。

●集合無意識を浄化する効果

申し上げた三つの条件が満たされれば、能力は自然に働き始め、何事もうまく回り始めるのです。

皆が潜在能力を活用し始め、幸運を呼び込むことができるようになれば、私たちの集合無意識（人類に共通する意識。ユングが提唱した概念）をより力強く、ポジティブな方向に向かわせることもできるようになるでしょう。潜在能力は「自分のため」というよりも、基本的に「他人を喜ばせることによって開発できる」ようになるという性質があるのです。つまり、つねに自他ウィンウィンの関係を意識できることでないと、潜在能力を一〇〇パーセント発揮することはできません。

ここに真のオカルトの奥深い意味があります。

もうちょっと見方を変えて説明しましょう。自分の潜在能力に蓋をしているのは何かという問題でもあります。

蓋をしているのは、実は自分の偏《かたよ》った考えであったり、恐れからくる利己的な思い込みや好き嫌いであったりすることがほとんどなのです。つまり何かのバランスが崩れていると、潜在能力は発揮されないという法則があるのです。利己的な考えやこだわりを少し横に置くだけでも、オカルト的な力は発動します。「優しさ」をパワフルに楽しむ生き方こそ、成功修行といえるでしょう。

世界はすべてがバランスの上に成り立っています。この世の中がうまくいかないのは、特定の個人が悪いわけでも、集団や社会が悪いわけでもありません。自分を含めた人々の考え方のバランスが悪いからうまくいかないのです。

個人がバラバラに声を荒らげて、心を逆立てるように権利主張しなければならない状態は、本当に危険な状態であるといえます。それは、その個人においても、最も危険な状態です。そういうストレスフルな状態が続けば、個人の体も心も蝕《むしば》まれてゆきます。

ではどうすればいいか。それは個人個人がどれだけ意識のバランスを取れるかにかかっています。集団が良くなるためには、まず個人一人一人がさらにダイナミックな自他共楽の自己実現を図ることにつきます。集合無意識をより良い方向に向かわせるためには、集団というよりもまず個人の意識がパワーとバランスを取り戻さなければなりません。

バランスとは、個人だけが突出して豊かになることではありません。自分を含め、あらゆる可能性を信じて、皆が幸せになるような良いイメージを思い描いていくことです。つまり、生命を守ったり癒やしたり喜ばせたりする方向にどれだけ自分の潜在意識の力を向かわせることができるかによって、集合意識もまたより良い方向へと向かわせることができるのです。

集合的無意識をきれいにしよう、社会を変えていこう、国家の意識を高めよう、世界を美しくしようと思うのならば、まず個人が自分の能力を高め、意識をきれいにして変えていくしかありません。それによってはじめて、集合無意識が浄化されるのです。

私が主唱する現実的な能力活用法と巷にあふれる能力開発法の違いはここにあります。願望を叶《かな》えたり幸運を引き寄せたりするのは、自己啓発書にいろいろ書かれていますが、真の実現可能なオカルト的方法は、自分だけが良くなるのではなくて、集合意識もきれいになって、良い影響が広がっていく点で巷の啓発書とはまったく異なります。

この本で私が紹介するオカルトのノウハウは、究極的には集合無意識に頼るだけでなく、浄化する効果もあるのです。集合無意識をきれいにすると、社会のいろいろな矛盾や、問題も自然と解決されてゆくはずです。それでは各論に入ってゆきましょう。

1章

自分の「運の特性」を活かし、神秘の「超パワー」を発動する

ストレスと積極性をコントロールする

まずは陰陽の気の流れを感じよう

オカルティック、あるいはスピリチュアルな実用手法、霊的技術をうまく役立たせるには、「何か変わった」「何か良くなった」という実感をもつ体験をもつことも、とても大切です。つまり、「奇跡」を実際に体験して味わうことにつきます。

その「奇跡」は身近なところにあるものです。それが「精気」というものの流れです。そしてこの本の主要テーマであるバランスとも深くかかわってきます。

たとえば、昔から東洋的な哲学の中では、私たちの体の中には「神々《こうごう》しい力」が清らかな聖水のように流れているという考え方があります。神経系の治療所では、経絡《けいらく》や気脈、ツボなどと表現して説明しようとするところもあります。

そうした経絡やツボの説明は別にしても、人間に奇跡をもたらすような、強力な起死回生《きしかいせい》の力、命を輝かせるパワーある精気が私たちの体中を流れ、巡っているのは事実なのです。

そのことを認識して、「見えない力が、わが身にあるのだ！」ということをよく味わって、それを特定の場所に流し込むというイメージを意識的にもつことが大切です。そうしたイメージをほんのちょっと加えるだけでよいのです。その「ちょっとしたコツ」を知る所作だけで、変化を感じることができるように人間は設計されているのです。

具体例を挙げてみましょう。私たちの体は中心部で分けた場合、精気の流れでいうと二種類あると見なすことができます。左側には非常に「陽的」な精気が流れており、右側には「陰的」な精気が流れているのです。それは頭のてっぺんから足先まで当てはまります。右利き、左利きも関係ありません。男性でも女性でも同じです。

通常、精気は宇宙の中心から放たれて、宇宙全体から私たちの髪の毛に集中的に集められ、「百会《ひゃくえ》」と呼ばれる頭頂のツボから全身に流れます。それが左側に流れる陽の精気と右側に流れる陰の精気の源流なのです。この精気分配のイメージを頭の中に置いてください。

陽の精気は、人間の積極性を促します。表現するという行動を促すパワーとかかわりがあります。それが体の左側なのです。

これに対して**体の右側には、積極性や表現性よりも、リラックスするとか、受け入れるとか、感じるとか、情報を集める、反応する、観察するといった行動を促すパワーと関係があります。つまり「愛する」「受容する」ということを促す基本的な感覚が右側にあるのです。**

陰の精気というのは、環境を受け入れたり、人を愛したりする機能とかかわる宇宙的なパワーです。それが右側に流れているわけです。

言い換えると、体の左は、細かいことは気にせず、目的に向かって積極的に前に出たり、行動を起こしたり、表現をしたりする勇気を促すのに適しています。**人前で話そうとして、人の視線を気にしてしまうと話せないという人は、身体の左側を少し意識してリラックスさせると、思いを通しやすくなります。**

左に流れる精気を意識して、人の視線を飲んでかかって信念を貫いて話せば、より楽に話せるようになるでしょう。逆に相手の意見をストレスなく聞きたい場合には、右側を少しリラックスさせればいいのです。

積極性と受容性はある意味、反する場合もありますが、その両方にかかわるエッセンスが体の両側に流れているとイメージし、コントロールすることが重要です。これは宇宙のもつバランスとも関係があるからです。これらは、古くからの東洋哲学や古神道の考え方でもあります。東洋哲学といっても、そもそもはペルシャ、さらにはシュメールなど西洋圏と東洋圏の中間くらいのところから生まれた哲学だと私は考えています。それが様々な実用的呪術やヒーリング法や薬つくりにまで影響を与えました。

一瞬で身体の動きをスムーズにする
左は伸ばし、右はすぼめる

その左右の違いを感じるちょっとしたテストを紹介しましょう。

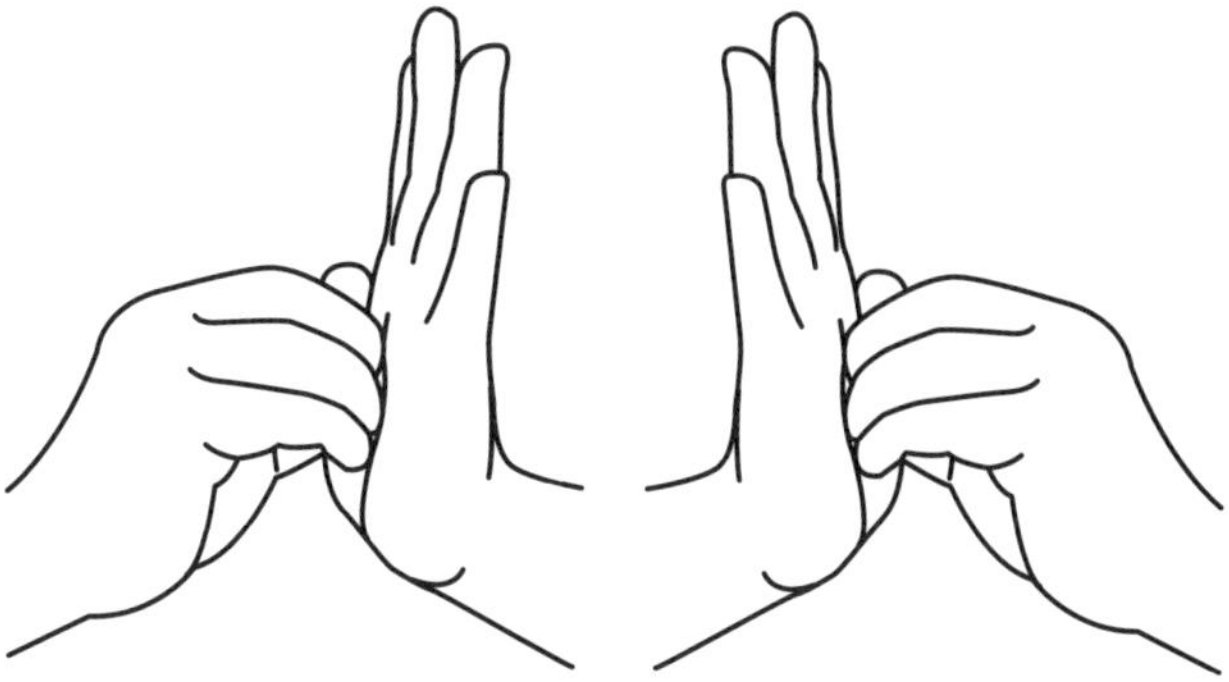

左手をすぼめ、右手をパーに開く（右図）より、右手をすぼめ、左手を開く（左図）ほうが自然に感じる。気の流れは左右対称ではない

片方の手の指を閉じるようにすぼめ、反対側の手は指を伸ばして突き出すパーの形をとってみてください。伸ばしたほうをすぼめたほうに接触させた場合、どちらが自然でどちらが不自然と感じるかを感じ取ってみましょう。おそらく答えは九九パーセントの割合で右手をすぼめ、左手を伸ばした状態で接触したほうが自然だと感じるはずです。

最近のスポーツ工学でも、この左右の違いは研究をされています。いままでのスポーツ工学では、体は左右対称なので左右とも同じようにトレーニングしなければならないと考えられてきました。実は最近の研究では、左右で造りも足の筋肉の方向も全部違うということがわかってきました。左右同じにやろうとすると、バランスが崩れてしまうのです。

たとえば左足は、なるべく頭の中で上下縦に伸ばそうとするイメージをもつようにしてみます。左足は踏

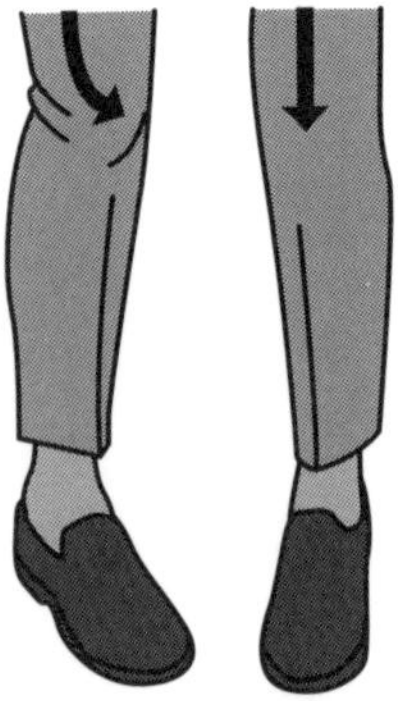

左足はまっすぐ伸ばし、右足は軽く内側にねじって伸ばすようにイメージする

み込んだり、縦に引っ張ったりする動作に適しているからです。逆に**右足はやや内側に軽くねじって伸ばすことをイメージします。**そのイメージをごくわずかに加えるだけでいいのです。抽象的な表現ですが、感じとしては三パーセントくらい軽くイメージします。そうすると、**腰の重さがすぐに楽になったり、腰の気力が満ちて元気になったりするリラクセーションが進みます。**

左足は縦に蹴って伸びる力をイメージします。植物のように縦に伸びるのだ、と縦軸で考えるわけです。右足は少しだけ内側に渦を巻いているのだと回転軸でイメージすると良いでしょう。**その瞬間に楽になります。そのちょっと楽になるのを感じてください。**それだけで視力なども少し上がるとの報告もあります。

同様に、**右手は閉じようとするイメージ、左手は強く縦（手首から一直線に指先の方向）に開こうとするイメージ**をもつといいでしょう。

このように簡単な仕草・運動だけでも、**体は不思議と落ち着くのです。**逆にしておこなうと、違和感があるだけでなく、ぼんやりして何か心に膜が掛かったような状態になります。繰り返しますが、左利き右利き、男女の違いなどは関係なく、私たちの体はそのようなメカニズムになっているのです。

玄関を出るときに、左足から出ようとするのも理に適《かな》っている場合もあります。ただし、環境に適応しようとしたら右足から前に出たほうが良いでしょう。こちら（自分）が右足から出ると、向こう（相手）が積極的に出てきます。これは古来からある呪術にも応用されています。反対にこちらが左足から出ると、向こうが消極的になります。環境と自分という呪術性の問題がここにはあるのです。古代エジプトの神々のシンボルも、どちらかの足を前に出したりしていますし、足の気の呪力は、ことのほか強力な影響があることが昔からわかっていたのです。

学校にいくときに、右足から出たときは、少し気持ち的には周りが積極的に向かってくるときです。自分はリラックスできます。

これはイメージのテクノロジーです。イメージを変えるだけでも、効果は大きいのです。

自分の姿を鏡で見てください。右と左のどちらが上がってどちらが下がっているかを確認すると、いまの自分の状態がわかるでしょう。自分が積極的なのか消極的なのか、そのバランスを感じ取ってください。

肩や感覚器官のモヤモヤをとる

〝新しい丹田〟を意識して呼吸する

気の流れがある程度わかったら、次は気の流れを整える呼吸法を紹介しましょう。丹田《たんでん》呼吸法です。私たちは昔から、丹田呼吸法が良いと教わってきました。丹田とはへその下五センチ、奥に五センチあたりにあるとされる場所です。体を癒やす不思議なパワーが蓄えられているところだともされてきました。

確かに、仙骨《せんこつ》の前の周辺部に、体を元気にする見えない気がたまっていくようにできているように思われます。だからこそ、「腹が据《すわ》る」とか「腹を括《くく》る」とか「腹を締める」とか「腹が黒い」という言葉を使ってきたのです。「腹」によってその人の本質的なものが左右されるからです。その「腹」がもつイメージが丹田というイメージにつながったのです。

それはそれで正しかったと思います。ですが、これは昔の人の体が腰を使う労働が多かったことから生まれたものでもあります。体を癒やす不思議なパワーが蓄えられるという〝丹田〟は、実は時代とともに変化するのです。

現代人の私たちは、生活習慣上からどうしても、横隔膜《おうかくまく》から上の運動が多く、肺から上にストレスを感じることが多い。つまり中心は、いままでの「丹田」にはないのです。いまの〝丹

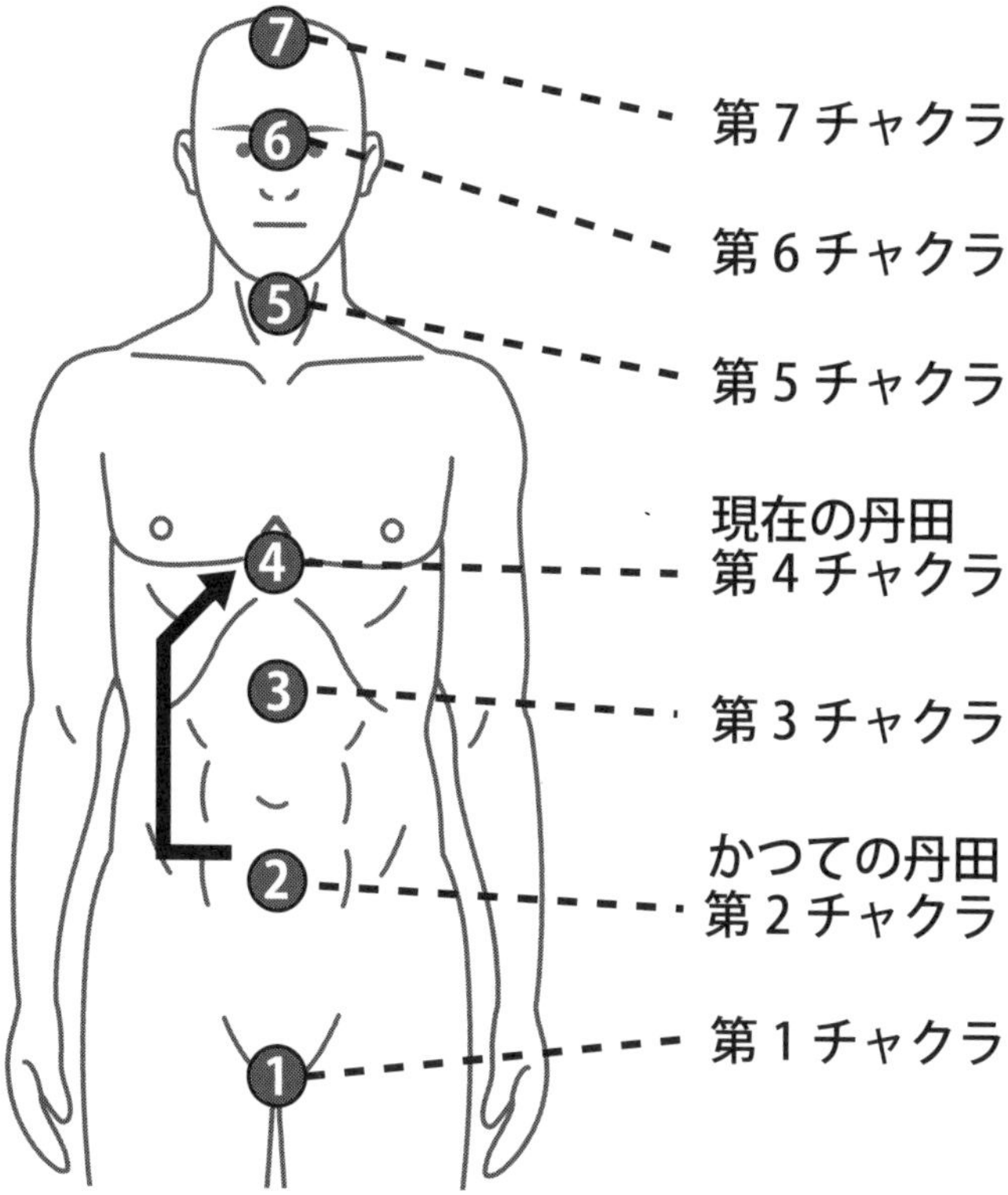

田〟は、だいたい肺の後ろあたりにあります。左右の肺のちょうど間の後ろあたりの丸い点に集中しているように感じられます。肺の後ろの背中あたりです。

　鼻から息を吸ったときに、そこに意識を集中させると良いでしょう。鼻から吸うのは、鼻が「丹田」にスイッチを入れる場所だからです。具体的には、**背中の後ろで息を吸い込むイメージで鼻から吸い、口から出します。**鼻から吸って鼻から出しても良いでしょう。それがちょっと苦しく感じられる場合は、吐くときは口からでもかまいません。

この呼吸法を五、六回おこなうだけで、肩や目の周りの不快感や「もやもや感」は軽減されます。つらいなと思っている感覚器官の疲れが、「シュッ」と一瞬でリセットされます。ぜひやってみてください。簡単にリセットされるはずです。

昔はへその下の「丹田」であった呼吸法の中心は、いまは肺の後ろの〝丹田〟に変わったのです。いまの呼吸法の中心は肺の後ろのあたりを意識するべきなのです。

〝丹田〟は可変の存在です。その動く〝丹田〟の軌跡をインドではチャクラと呼んだのです。

このチャクラ論は、インドでも新しい論理で、七つのチャクラの論理はこの一〇〇年ほどで確立したものです。本来は〝丹田〟が動くことさえ知っていれば十分であったのです。決められたところにチャクラがあるということよりも、どの位置に〝丹田〟があるかを意識して呼吸法をおこなえばいいのです。

どの場所に意識して鼻呼吸をすれば楽になるかを、各自で確かめることが必要なのです。心が楽になる、自分がもっている見えない精神パワーを感じるポイントがある〝丹田〟を、自分で探してみることです。

このチャクラ呼吸法は速効性があります。これができれば、いつでも自分一人で、どこかに閉じ込められても自分を癒やすことができます。

頭脳労働者はとくに、後頭部を意識して呼吸をすると良いでしょう。あるいは首の後ろあたりでも効果があります。普通の人よりもやや上目にするのがお勧めです。自分で実験してみて、どこが一番癒やされるか試してみることです。意識する起点が見つけられれば、そこがあなたにとっての〝丹田〟の中心点であるといえます。また、肉体労働者は胃の後ろあたりを意識すると良いでしょう。いずれにしても背骨に沿って体の後ろ側に〝丹田〟は動きます。五感を使う労働が主流なっている現代は、背骨を癒やさなければなりません。西洋医学が日進月歩であるように、東洋医学もアップデートしていく必要がある場合もあるのです。

いまの自分の気とその性質を知る

手のひらの白い星の位置で占う

丹田呼吸法で、ある程度自分の気を整えることができたら、次はその自分の気や性質が、現在どのようなバランスになっているかを見る方法をお教えしましょう。それが相術《そうじゅつ》です。人間の気の流れや気色《けしき》が顔や手の色に現れることを江戸時代に研究した水野南北《なんぼく》は、風呂屋の番台に長く座って人々を観察。平安時代から日本に入ってきている中国の顔相術や手相術が、本当に意味があるのかどうかを詳細に調査、検証し直しました。その結果、「南北相法」という聞きしに勝る相術を生み出しました。彼もまた、昔からの相術を時代に合わせて変えていった一人です。

確かに手相や顔相を見れば、その人がどのような運気や運命をもっているかよくわかります。ただし、皺《しわ》で手相を見るのはかなり高度で困難です。そこで、ここではもっと簡単な、手相を血色で見る方法をお教えしましょう。いわゆる気色学で見る方法です。これは誰もができます。

気色学の場合は、右手がその人の外界との接点となるので、運命がわかるとされています。その右手にできる「白い星（赤みがさした手のひらの白っぽい斑《まだら》、あるいは白っぽい塊《かたまり》のこと）」を八卦《はっけ》と相対することにより、その人の気質のバランスを見ることができます。

次ページのイラストをご覧ください。手根と呼ばれる手の付け根の当たりが、易でいうところの「坎《かん》（水）」に相当します。次に親指の付け根の盛り上がっているところである母指球が「艮《ごん》（山）」。親指と人差し指の間が「震《しん》（木）」、人差し指の付け根の盛り上がった部分が「巽《そん》（風）」、中指と薬指の付け根が「離《り》（火）」、小指の付け根が「坤《こん》（地）」となります。さらに小指の付け根から手首までの、小指球と呼ばれる少し盛り上がった部分の中央が「兌《だ》（沢）」、その下が「乾《けん》（天）」と対比します。通常の易経盤とは東西が逆になりますが、手首側が北、中指側が南となるわけです。

後は、八卦盤に当てはめた手のひら八か所の気色を見ればいいのです。気色を見るときは、しばらく右手のひらを開いておいたときに、**赤みがさした手のひらのどこに「白い星」が出る**

かを見ればいいのです。その白い塊《かたまり》がどこに出ているかを知ることによって、どこの卦《け》が活性化しているかがわかります。それぞれの八卦の性質やシンボルは、巻末ページの「『卦』の基本性質一覧表」をご覧ください。

たとえば、いま私の右手のひらでは、人差し指の付け根の「巽」の部分に白い星があります。すると、現在の私は風のように自由を求める心が強くなっていることを示しています。また、人間関係を表す「震」の部分にも白い星があるので、たくさんの人の中で過ごすことが合っていることがわかります。また、「艮」の部分にも大きな白い星があるので、山のように積み上げていくこと、歴史を研究するとか資料を整理する力が強くなっていることを表しています。

「乾」にも白い点が出ていますが、それはリーダーシップをとるのが好きな場合か、それが天命であることを示しています。「兌」に白い点が出れば、それは経済的なことや話すことが好きということです。ただし「好き」と

いっても、好き嫌いは関係なく、そこに集中しているものが出てくる場合が多い。言い換えると、その人が活性化させている性質が出てくるのです。

このように私の場合はほぼ全体に白い星があります。

しかしそういう私も、昔は偏《かたよ》ったところだけに白い星が出ていました。それではいけないと思って、全体に星が出るように努力してきたのです。驚くべきことに、手相は自分で変えられます。**偏っている人は、足りない卦の性質を強めるなど、意識して変えていけばいいのです。**

手を使って、野心家かどうかを見抜く方法もあります。右手でも左手でも親指を外側に引っ張ってみるのです。開く人は願望が大きく、モノや資金を集めようとし、開かない人はお金にそれほどこだわりません。すでに経済的に恵まれている人は親指が開かなかったりします。

また広がりすぎる人は、逆に頓着しなくなって、人のためにお金をジャブジャブ使ってしまう傾向があります。散財しやすい。親指が開かない人のほうが堅実な面はありますが、スケールが小さいともいえます。人間のお金や物に対する力は、親指の開き方で一目瞭然でわかってしまいます。

私もかなり開くほうなので、昔は散財して、どんなに稼いでも皆におごってしまっていました。「この人は面白い人だ」と思ったら、おごってしまうので、お金が少しもたまらなかったものです。いまは意識して親指を開かないようにしていますので、少し経済的に落ち着いてきます。そういうことを知ったうえで、試して占ってみるのも面白いのではないでしょうか。

さて、ここまでは潜在能力を引き出すための準備体操のようなものです。ここからはもっと具体的に潜在能力を高める方法について語っていきましょう。

潜在能力を高める方法

自分の「癖」と「宝」を知る

私は能力を実用的にビジネス方面で生かす方法に長年取り組んできました。この世界では概念論だけでは通用しません。実際に実験して試してこそ、意義があるのです。

最初に、自分の潜在意識には無限の力があることを理解することが必要だと書きました。ただし、この能力の発現の仕方にはそれぞれの個人によって癖があります。言い換えると、人それぞれが微妙に自分のもつ潜在意識の力に独自の蓋《ふた》をしているのです。その「自分の能力が発現しないようにする仕方」に、各人の癖があるわけです。その癖を正確に読むのが「相術」だといっても過言ではありません。その一種の考え方の癖によって体に植えつけられたシンボルを易などで読むことが「相術の基本」なのです。

人間には、「生まれてから形成される癖」だけでなく、赤ん坊のときから「生み付けられた癖」もあります。生まれた瞬間から潜在意識に蓋をされている場合もあるわけです。

ですから、その癖の質を自分ではっきり自覚することがポイントです。どの部分の性質が弱く、どの部分の性質が強いかを知ることです。そして自分の得意とする性質や能力を伸ばしながら、ゆとりのあるときに、自分の得意ではない性質や能力を伸ばすということをセットでおこなっていけばいいのです。それが能力開発の秘技の入口です。

そのうえで、自分には宇宙と同じ力が宿っているのだとリアルにイメージし、神様から分けられた力があると確信することが真の能力開発だということです。

昔の人たちは、その力を「如意宝珠《にょいほうじゅ》」と呼びました。橋の欄干《らんかん》などの装飾にも使われています。「何でも叶《かな》う珠」という意味です。その珠は私たちの中に必ずあります。完璧な輝きを全方位に発しています。その珠の輝きを部分的に濁らせてしまうのが、考え方の癖なのです。その癖を見つけるために、先述した八卦《はっけ》の易があるのです。

易は「当たるか当たらないかという、いい加減な占い」ではありません。自分の見えにくい悪い癖を知り、人生が解放され、世界が変わるような変化を与えてくれるものです。

生まれながらの性質「卦」を知る

自分を司る「卦」を誕生日から割り出す

誕生日から性格や運勢を占う方法はいろいろありますが、とても簡単で、それでいて奥深く本当に役に立つと思うのが、自分の「卦」を割り出す方法です。

それでは生まれながらの自分の性質を知る「卦」を割り出す方法を紹介しましょう。非常に簡単です。生まれもった「卦」を割り出したら、巻末の『「卦」の基本性質一覧表』をご覧ください。私の場合を例に紹介します。

（「自分の干支の数字」＋「生まれ月」＋「生まれ日」）÷8の「あまり」を出し、それに対応する卦があなたの生まれもった性質です。

具体的に見ていきましょう。

干支と易の卦は密接に関係しています。ですから、まず干支から数字を出します。子が1で、丑が2、寅が3で、以下卯＝4、辰＝5、巳＝6、午＝7、未＝8、申＝9、酉＝10、戌＝11、亥＝12です。

次に、この自分の干支の数字に、自分が生まれた月と日にちを足します。

私の生まれた年の干支は子ですから1です。次に私は11月27日生まれですから、それぞれの数字を足します。1＋11＋27＝39となります。この数字を八卦の8で割ったあまりがその人が生まれつきもっている性質の卦となります。8で割り切れるときは8です。私の場合は、39÷8＝4あまり7ですから、このあまりの7に相当する「艮《ごん》」が私の性質の卦です。

つまり私の生まれつきもつ性質は「艮」が強いのです。積み上げたり、伝統的なモノを踏襲したり、歴史的なことを調べたりすることを好む性質を強くもって生まれてきました。世の中で長い期間にわたって守られている道徳的なものを非常に好む性質があります。

しかしながらこの性質は、最初から何でも受け入れる「坤《こん》」という、ちゃらんぽらんに見えやすい性質が大嫌いだという癖があるわけです。「坤」の性質の人は、母性を最高に重んじます。受容性が何よりも大事なのです。そのために、ときとして「ええかっこしい」や「八方美人」に見えてしまう。

ところが「坤」の性質の人は、受け入れる力、包容力は「艮」の性質の人とは真反対で本当に強いわけです。母性的な受容力をもっています。

私には、伝統的なものを重んじてそれを整理する力はありますが、別な見方をすれば私は頑《がん》固《こ》になりやすいともいえるわけです。その対極にある性質を教えていることこそ、易の本質なのです。

先ほど述べたように、手相占いで私はかつて「艮」のところに白い星が偏っていました。それを自分で調整して、受容力を身につけるように努力したわけです。それは「坤」の性質をもつ潜在意識の力に蓋をしないようにするということでもあります。

私が蓋をしないように努めなければならない卦は「坤」だけではありません。易では対極三卦といって、八卦盤の反対側にある三つの卦が対極的な卦となります。「艮」の場合は、「坤」

生まれながらの性質「卦」を出す

（[生まれた年の干支の数字]＋[生まれ月]＋[生まれ日]）÷8

⇒「あまり」を出す

あまりの数字に対応する卦⇒あなたの性質をあらわす

★生まれた年の干支の数字

子《ね》＝1	丑《うし》＝2	寅《とら》＝3	卯《う》＝4	辰《たつ》＝5	巳《み》＝6
午《うま》＝7	羊《ひつじ》＝8	申《さる》＝9	酉《とり》＝10	戌《いぬ》＝11	亥《い》＝12

★あまりの数字と卦の対応

1＝乾《けん》	2＝兌《だ》	3＝離《り》	4＝震《しん》	5＝巽《そん》	6＝坎《かん》
7＝艮《ごん》	8＝坤《こん》（割り切れるときは8＝坤）				

（例）子年（＝1）の11月27日生まれの人の場合

（1＋11＋27）÷8＝4あまり7

7に対応する「艮」が、この人の性質の卦

とその両隣の「離」と「兌」です。この対極三卦が示す意味が、私にとっては一種の鬼門となります。

そうした仕組みが易に含まれていることを示したのが、「桃太郎伝説」です。犬、猿、雉という鬼門の方向とは反対のモノをもって、鬼を退治しているからです。鬼は牛の角に虎のパンツで表されます。丑《うし》寅《とら》の方角、すなわち「艮」の性質を表しています。それに対して犬、猿（「坤」の象徴）、雉《きじ》（「兌」の象徴）は対極三卦の象徴なのです（ただし犬は「乾《けん》」なので厳密には対極三卦ではない。あくまでも邪気をはらう象徴として馬〈離の象徴〉だったものが書き換えられたと見られる）。

八卦盤

ぜひ試して自分の性質の卦を出してみてください。そして何よりも、その性質に気がつくということが必要なのです。

長所と欠点を知って理想像を描く

マイナス面を意識することの効用

自分のもって生まれた性質に気がつきさえすれば、後はそれを意識するだけで偏り具合がクリアになっていきます。逆に気がつかないままだと、対極三卦の潜在能力に蓋をしたままになります。

気がつくだけでいいのです。自分が足りない部分を自覚しながら、同時にさらに自分がどうなりたいかというポジティブな自己像をそこに加えていってください。ポジティブ面とマイナス面の両方を掘り下げてゆくのです。感情の使い方を自分でうまく意識してバランスをとってください。そうすることによって、能力を閉ざしていた蓋や壁、障害が解けてゆきます。マイナス面（自分が苦手とする卦の性質）の能力を解放して自分を癒やすのです。

かつて江戸の設計にかかわったという天海大僧正《てんかいだいそうじょう》（一五三六〜一六四三）は、生年月日の干支や人相・骨相からその人の一生の運命を占う「天源術《てんげんじゅつ》」を創始したとされています。それを発展させた「天源淘宮術《とうきゅうじゅつ》」では、人は生まれつきの性格の癖を洗練することにより、洗い清められた「本心」が現れ、心身・血気の運行をよくし、幸福を得ると説きました。

その占術の根底にあるのは、まさに自分のマイナス面をはっきりさせて、マイナス面の癖を修正してポジティブ思考をパワフルにすることにほかなりません。このことを天海僧正は徳川家康に指南したのではないかといわれています。

マイナス面を放っておくと、自分の能力が見えなくなるのです。見えないから使えません。当然、自信も湧かないし、その能力が作動するなどとは夢にも思わなくなります。

呪文で潜在能力を高める

意味は知らなくても唱えるだけで発動

自分の中にある八卦の性質のバランスをとることが、オカルトの能力開発術の基本中の基本なのですが、唱えるだけで潜在能力を高めることができる言葉がありますので、それを紹介しましょう。そうした呪《まじな》いは、洋の東西を問わず、古くからありました。呪文の意味はわからなくても、声に出して唱えるだけで、瞬時に心を守ったり、心の力を高めたりする呪術的なものは、いろいろ伝わっています。

一般的によく知られているのは、**「アブラカダブラ」**です。非常に古くからある神とつながる呪文といえます。神道では**「とふかみえみため」**が知られています。道教では、日本の祝詞《のりと》にも使われていますが、易の**「坎良震巽離坤兌乾《かんごんしんそんりこんだけん》」**があります。インドのヨガ哲学では、**「オン・マニ・パドメ・フン」**あるいは**「オーム・マニ・パドメ・フン」**がありますが、これは〝泥沼の中から蓮が咲くように〟という意味です。空海がもたらした**「臨兵闘者皆陣列在前《りんぴょうとうしゃかいじんれつざいぜん》」**（ただし元は、最後の二文字（在前）が前行《ぜんぎょう》）の九字も有名です。「バン・ウン・タラク・キリク・アク・ウン」などもあります。

これらは、言葉によって精気の流れをコントロールしたり影響を与えたりすることができる

空海がもたらした九字

という先哲の研究からきている呪文（マントラム）なのです。実際にこれらの言葉は、私たちがもつ潜在能力を刺激して、呼び覚ます音霊《おとだま》とも呼べる力をもっています。これには言葉だけでなく、図形のバージョンもあります。

　こうした言葉や図形は、ある特定の脳の部位に影響を与えイメージを喚起させるために使われます。特定のイメージを少し強めて、自分に強く印象づけることによって、潜在意識を説得する呪術でもあるのです。潜在意識を説得できさえすれば、自分の潜在能力が引き出されたり、潜在意識が好ましい結果を引き寄せたりするという現象が起きます。

　要はその中から、自分に合った言葉や図形を探すことです。どうやって探すのか。それはあなたの潜在意識が一番よくわかっていることなのです。自分が唱えて最も心地よくなる言葉や図形が、あなたの潜在意識を引き出す魔法の言葉であり、魔法の図形なのです。

　特定の言葉、特定の記号は、それによって自分の心の魔法の扉を開くために存在します。そうした技術が山のようにあり、世界中に伝えられています。にもかかわらず科学者も宗教関係者も、長い間そのことを実践技術としては振り返ってきませんでした。なぜ十字架が重要なのか、なぜ五芒星《ごぼうせい》や六芒星が重要なのか、なぜ格子状に九字を切ることが重要なのか、平安時代の陰陽師・安倍晴明《あべのせいめい》（九二一〜一〇〇五年）がどのような印を切ったのかを含めて、検証を怠ってきました。

呪術の効果を最大にする

どの星と感応するかを知る

それらの呪術には、驚くべき明確な意味と効力が隠されています。それを正確に見ていくと、一つは天体（星座・星図）のイメージであることがわかってきます。星座のイメージと、ある特定の言葉や漢字のイメージ、それに聖なる図形といわれてきたもの――この三つを組み合わせたものが最強の呪術なのです。

この三つを組み合わせると、最大の力を引き出すことができるということになります。ただ意味もわからずに、九字を切ったり、十字を切ったり、言葉を発したりしても効果は極めて小さく限定的になるものです。

私が宇宙的存在から教えてもらった言葉としては、「我に我を与えよ」という意味の**「イデア・サラス・メカ」**があります。その際、山の頂上へと続く道や階段の先にある神殿を思い描き、さらに北極星をイメージすると、その呪文は最強となります。まず北極星を思い浮かべる。

鮮明であれば鮮明であるほど良いので、ネットなどで北極星について調べ、そのイメージを強くもつことです。次にピラミッド状の山の上にある、自分の好きな寺院をイメージし、その中に自分が入っていく様子を思い描きます。そのとき、何も考えずに唱える言葉が「イデア・サラス・メカ」なのです。それは、最高の自分のイメージを思い描く方法でもあります。

アブラカダブラは、図のようにピラミッド型に文字を並べます。この三角形のイメージが神殿に相当します。思い浮かべる星はシリウスだとされています。シリウスは、おおいぬ座を構成する一等星で、「冬の大三角」の一角として有名です。西洋の呪術はシリウスであることが多いのです。一般的には、太陽、月、木星、火星、土星、金星、水星などのイメージがよく使われます。アブラカダブラの表現は二世紀までさかのぼり、「私は言葉のごとく物事を現実化する」という神への宣言だともいわれます。

A B R A C A D A B R A
A B R A C A D A B R
A B R A C A D A B
A B R A C A D A
A B R A C A D
A B R A C A
A B R A C
A B R A
A B R
A B
A

三角形に並べる呪術

空海がもたらした九字は、「宵《よい》の明星《みょうじょう》」として知られる金星のイメージでおこなうと良いとされています。空海自身が「口に金星が入ってきた」とヒントを残しているからです。空海は「自分が金星である」「自分の体の中に金星がいるのだ」と意識して、九字を切ったのではないでしょうか。

金星は「善悪を超えた愛」を示し、悪念を祓《はら》うにはとてもふさわしいものだったのでしょう。

キリスト教の十字と「アーメン」も、キリストが愛を説いているからには金星をイメージしたはずです。「アーメン」とは、「AからZ」のことであり、「最初から終わりまで」という意味です。

実はどの星（星座）を思い描くかは、人によっても異なります。北斗七星がいい人もいれば、オリオン座や、おうし座の中のプレアデス星団が良い場合もあります。それを知るには、自分で試してみることです。

ある星に感応するのであれば、その星の伝説や伝承を良く調べ、自分が感応するのはなぜかを深く掘り下げる必要もあります。その星の伝承と自分をきちんと結びつければ効果は飛躍的にアップするでしょう。

いずれにしても、天（宇宙）の方角を定めることは、秘術を成功させるための基本中の基本であるともいえます。それは、宇宙のどの方位からの力に自分が感応するかを明確にすることでもあります。それがわかれば、その奥のほうに自分がきた場所があることを知ることができるのです。

少なくとも、星、シンボル、言葉の三つの要素が秘術には不可欠であることは覚えておくべきでしょう。

オーラから元気度を知る

「量のオーラ」を観察する方法

何かと感応するときには、オーラが関係してきます。このオーラを理解することも、自分の潜在能力を高めるために不可欠な要素です。

オーラは体から発せられている霊輝線《れいきせん》、外的霊脈のようなものです。体の内側に気の流れがあるように、体の外側にも自然界とつながる気の流れがあるわけです。その外側の気の流れが、あらゆるものとつながっている放射状態になっています。この霊線は、自分がつねに感応して影響を受け合っているモノ、アイテムや場所、環境、時間と関連したり連動したりしています。

そのオーラを観測するためには、テクニックがあります。オーラには二種類あり、一つはその人の生命力を表す「量のオーラ」です。その人の生命のエクトプラズム（心霊術で生じる流動

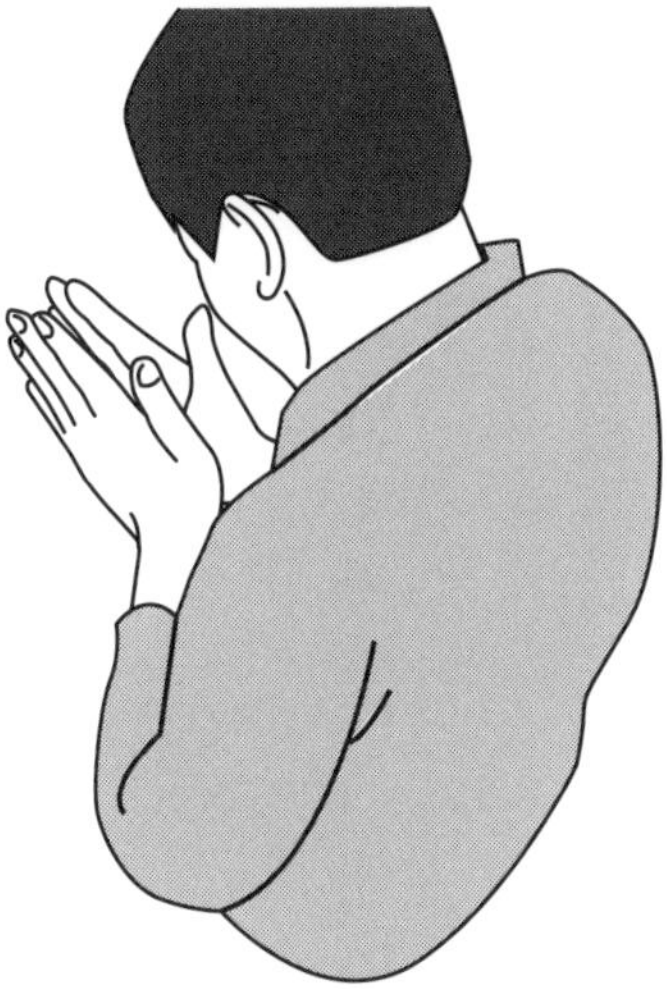

「量のオーラ」の観察の仕方

的な物質）のようなもので、物質に近いオーラである「魄《はく》のオーラ」とも呼ぶことができます。もう一つはその人の状態を表す「質のオーラ」です。後者は、誰もが観察できるようになるわけではありませんが、前者はコツさえつかめば、誰もが見ることができるようになります。

部屋の中でも量のオーラは観察できます。**背景に黒いものを置いて、手のひらを三センチくらいの間隔をあけて向かい合わせます。その両手を視線が合うか合わないかぐらいのぎりぎりのところにまで近づけ、心を無にしてボーッとした状態で見ます。**さらに両手の中指同士をくっつけたり離したりしながら、その空間を中心にジーッと見たり、ボーッと見たりします。すると、淡くて白っぽい色やクリーム色、薄い青色などが見えてくるはずです。それが量のオーラです。その人が本当に元気かどうかを示す生命エネルギーの状態は、量のオーラでわかります。さらに観察すると、指先の輪郭の数ミリ離れたポイントを定めてジーッと見ていると、細い筋が線香花火のように四方八方に飛んでいるのが見えるようになります。

また、洞窟のような暗がりをバックにして自分の手の周りを見ていると、量のオーラが見えてきます。夜タクシーにのったりすると、自分の足元を包み込むようにゴウゴウと量のオーラが見えたりします。

経験的には、血管がいったん収縮して広がったときによく見えます。私の場合は食事から二時間以上経過して、温かいところやタクシーの中で血管が広がったときに見えることが多くあ

天使型

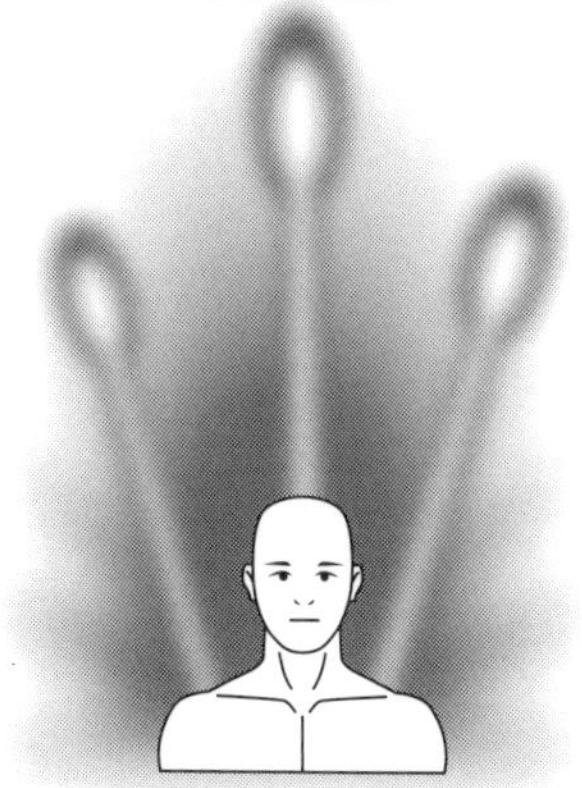

力強い精霊や宇宙生命体とつながっている例。赤いオーラを放ち、頭の上に王冠のような黄色い光を放っている

霊感型

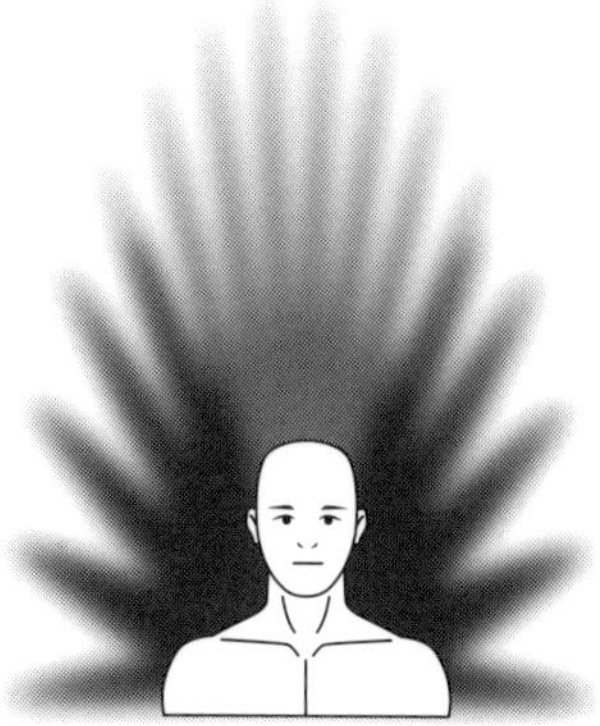

緑から外側に向かって青みがかったオーラが出ている。頭頂部に黄色いオーラが出ている。霊感や何らかの天命があるタイプ

自己主張型

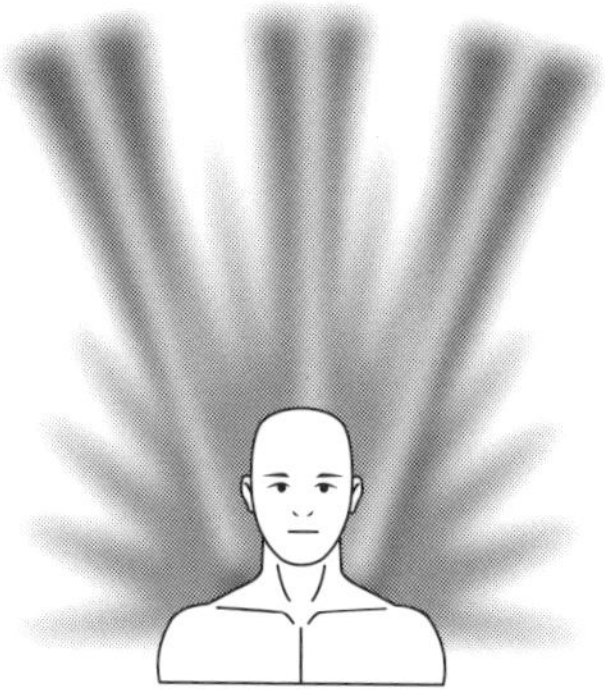

オレンジ系の豊富なオーラをもち、黄色いビームがさらに外側に突き出ている、自己主張のテーマが多い人に見られる。アイデア豊富な人に多い

不規則型

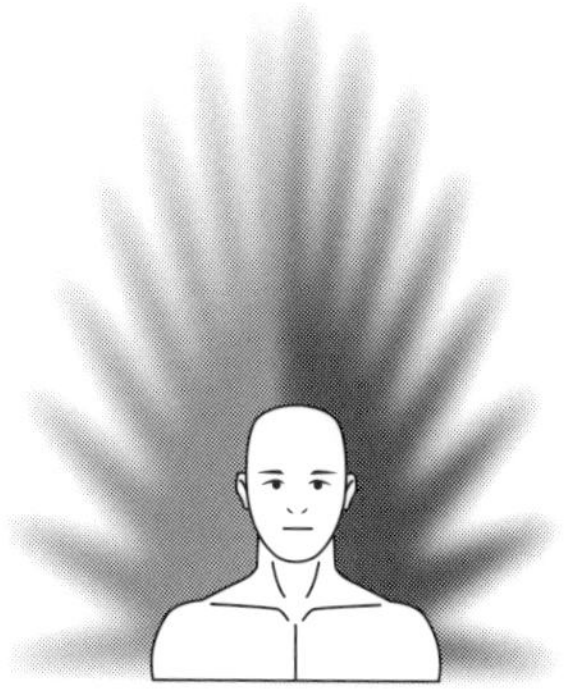

オーラが変化する例。右と左で色の異なるオーラを放っている。頭の周囲だけオレンジ、右半分が青、左半分が黄色などの例も

社会奉仕型

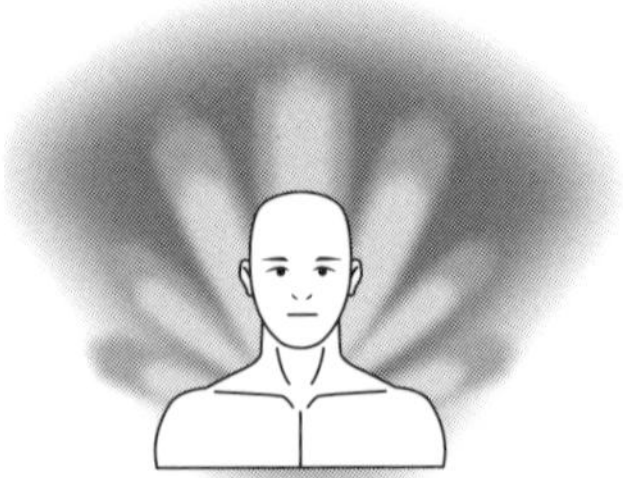

扇状、またはエンジェルウイング状の黄色いオーラが出て、外周はオレンジっぽい。社会や他者のために働いているタイプに多い

集中型

仏像の光背のような木の葉形をした赤いオーラが強く放たれている。何か一つのことに集中しているタイプ

穏健型

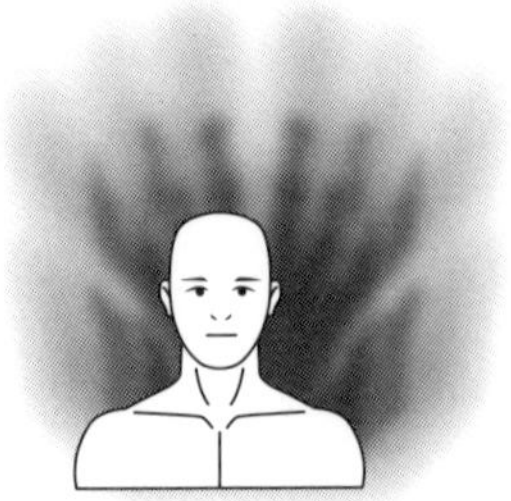

青や紫系のオーラが円形に広がっている。人とぶつからず優しい性格の人が多い

情熱型

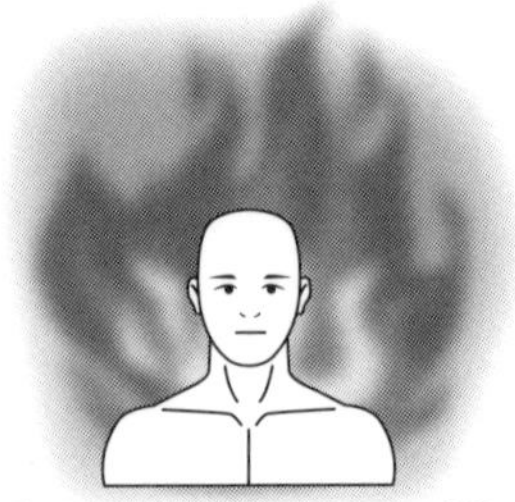

不動明王のようにオレンジ色のオーラが広がっている。情熱的だが感情的な一面をもつ人に多い

手のひら型

手から見えるオーラの例。指先から強く黄色のオーラを放ち、手のひらのやや上部からもビーム状に放っている

守護精霊

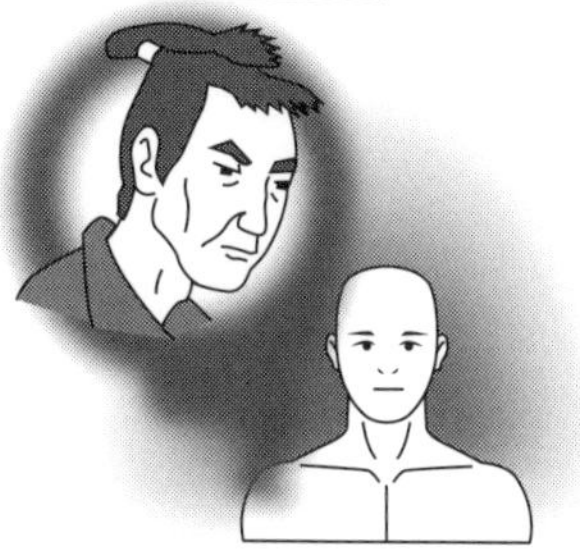

オーラの中に、先祖や守護精霊が見える場合の一例

命日型

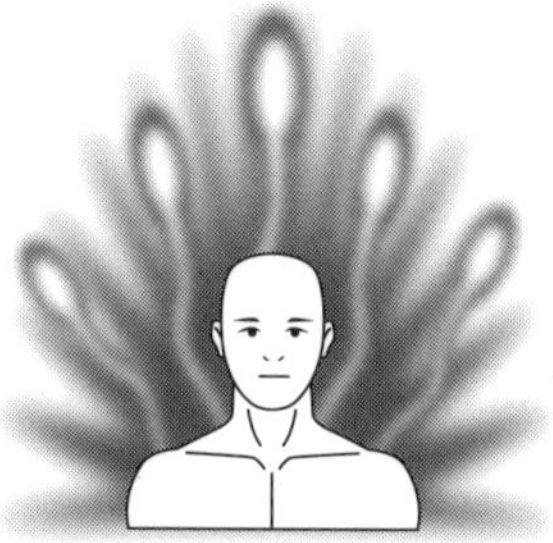

緑がかったオーラの中から、先祖の霊が黄色の光球となって出現する例。命日などに多い

不健康型1

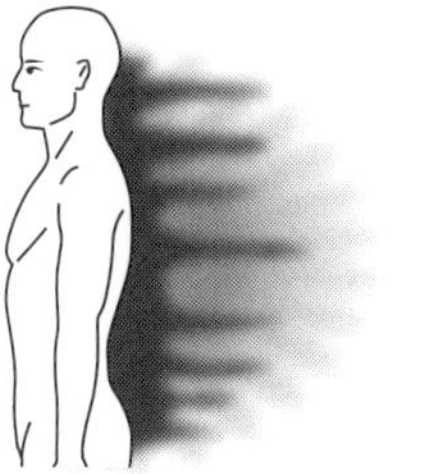

背骨から背びれのように黒っぽい炎のようなオーラが出ている例。気の乱れが生じている

不健康型2

オーラのラインが折れ曲がって影のように見える例。気の乱れが生じている

指先型

指先からオーラが出ている例。小さな渦を巻いて、黄色や緑のらせん状のビームがラインを成して見える

ります。それがオーラを見るにはちょうどいいバランスのときなのでしょう。緊張して弛緩《しかん》した瞬間です。おそらくいろいろなストレスや神経反応が緩《ゆる》んだときに見えるものではないかと思っています。

やがて、熟達してくると、その人の考え方の傾向や、前世や先祖から継承してきた体質や性質といった内部情報が映像で見えてくるようになります。それが質のオーラなのですが、これを見ることができる人は、残念ながら多くはありません。質のオーラは、光の真綿の繊維が渦を巻きながら出ているように見えます。その繊維の延長線上に亡くなった親戚や祖先などの霊の姿が映像として見えるのです。

オーラの変化の特性を知る

場所や時間にどんな影響を受けるか

私は人のオーラを何十年も観察してきました。人によって特定の時間になるとオーラが強くなったり、逆に弱くなったりします。ある場所にいったり、あるモノに触れたりしても、強くなったり弱くなったりします。そうした相互影響があることが、オーラを見ているとよくわかります。

オーラというのは、その人の体の外にある物質とのコミュニケーションに欠かせないものです。物質がもっている精気（昔の人はこれを「魄《はく》」と呼んだ）とのコミュニケーションを明確に表しているのがオーラであるともいえます。そのつながりを示す通り道に出るエクトプラズムもしくは筋のようなものが霊線であり、オーラなのです。

霊能者とか霊的に敏感な人が見てしまうオーラには、そのような意味があります。

オーラが一番よく反応するのが、身近な生活用具とか、土地と石なのです。とくに場所によく反応します。ビルの窓など高い位置から、歩いている人のオーラを観察していると、場所に反応しているのがよくわかります。私がパワーストーンを好きな理由もそこにあります。というのも特定の石は、特定の場所と同様に、その人のオーラを強くするからです。パワーストーンは特定の声でも強くなります。特定の天気や時間でも強くなったり弱くなったりする。すべて反応が人によって異なり、千差万別なのです。

では、オーラが実際にどのように見えるかを具体的に説明してみます。

オーラの種類の特性を知る

どんなモノからどんなオーラが出るか分類する

人間の体から発せられる霊気、気配があるという考え方は本当に古くからありました。その中でも哺乳類《ほにゅうるい》・鳥類のように体温調節の能力をもち、外気の温度に関係なくつねにほぼ一定の体温を維持する定温動物から出ているオーラと、外界の温度によって体温が変動する変温動物から出ているオーラと、単なる物質から出ているオーラがあります。それをどう区別するかという問題があるのです。

能力者によっては、定温動物から発せられているオーラしか見えない人も結構多いようです。しかし、それは何をオーラと定義するかの問題でもあります。

霊的に観察すると、単なるモノから出ているオーラ、植物から出ているオーラ、変温動物から出ているオーラ、人間のような定温動物から出ているオーラは、段階的に質が違います。繊細に変化し、複雑な構造になっているのは、定温動物のオーラです。とくに人間から出ているオーラは非常に構造が複雑で、その人の心の「回路図」のようになっている側面があります。

そもそもオーラというのは、霊能者がいっているような「怪しい光」ではないという人もいます。たとえば、ゾロアスター教のいうオーラ・マツダ、高貴なる神だという人もいるのです。

ヨーロッパの秘密結社が制定した「AURA」という名前こそがオーラであるという人もいます。それによると、AURAは四つの言葉の頭文字である、「Attraction（吸引力・誘因力）」「Unison（調和力）」「Repulsion（反発力・排斥《はいせき》力）」「Activation（活性力）」のことだといいます。

このようにオーラの意味は、それらをどう括《くく》るかによって違ってくるのです。人のオーラの心のあり方に着目すれば、「AURA」のように分けることもできるわけです。

人間の場合、オーラは心から発せられていて、その心の働きが非常に繊細で強くオーラとかかわっています。だからこそ、人間から出るオーラは複雑で、強く感じられるのです。私は、人から出ているオーラは「人気《じんき》」と呼んでいます。その激しさと構造の複雑さは、蛇など変温動物から出ているオーラとはまったく違うものです。

変温動物から出ているオーラはきわめて気配が薄く、かえって植物から出ているオーラのほうが強く感じられます。オーラの光輝力の強さからいうと、人間のオーラが一番強く、はっきりしています。その次に強いのは植物から出ているオーラですが、質は人間のそれとはかなり違います。変温動物になるとオーラは弱くなります。

生命のオーラは、そこに結集している細胞それぞれのメッセージであり、肉体は、細胞の大きなマンションなのだといつも感じるところです。

大地の土とか鉱物といった物質は、純粋な結晶体になるほど強くなり、堆積岩《たいせきがん》のように結晶体が小さく少ない鉱物のオーラは極めて希薄《きはく》です。

強さには以上のような特性がありますが、色もそれぞれ違います。

水そのものから出ているオーラは、黒く見えます。樹木から出ているオーラは淡い青色で、青白く見えます。先端の芽吹いた若い芽だけが、黄色味を帯びます。人間のオーラは、実に多様な色がありますが、暖色系の配合比が高く見られます。当然、暖色系の色のオーラをもつ人は多くいます。

鉱物のオーラは淡く、かすかな青白い色をしていたり、かすかなクリーム色をしていたりします。また鉱物は、どちらかというと、霧のように、何か細かい粒子に囲まれているように見えますが、方向性がない印象を受けます。

このあたりの見え方は、誰にでも感知できるものではなく、以下に述べるオーラとの対話も同様ですが、能力者としての素質とその磨き方次第では感知できる可能性があるので、詳しく紹介していきましょう。

オーラと対話する

「情報の霊ライン」から何がわかるか

人間のオーラを見ると、人間の中心から渦を巻くようにして四方八方にオーラの繊維の管が無数に出ているように見えます。それが光背《こうはい》のように輝いています。この束《たば》のような光は「光輝的繊維」という表現が正しいように思われます。それが渦を巻いているように見えるのです。

その渦の巻き方も多種多様です。その渦巻きが激しくなるときがあるかと思えば、大きくなるときもあります。そのときによって大きく変化するのです。

その管が折れ曲がっているところは、その体の場所に何か異常がある場合です。

注意深く見ると、その「光輝的繊維」はそれぞれの人間の細胞の一つ一つから発せられているように思われます。細胞の一つ一つが、そもそものような「霊線」を発しているのではないでしょうか。

霊線の長さは不ぞろいなのですが、その霊線の延長線上にその細胞にかかわる霊的な存在の顔が見えたり、記憶の部屋が見えたり、様々な霊的な映像が現れたりします。オーラの霊線の延長上にそれらの映像が見えてくるのです。

人間のオーラの色に関しては、本当にいろいろなケースがあります。

体がもっているオーラの性質は、一般的には左が男性的であり右が女性的です。左が父方で、右が母方の祖先と関係ある場合が多いのです。ただし、先祖が遠くなればなるほど、性は関係なくなります。

その人のオーラにアクセスすると、万華鏡のようにたくさんの映像が見えてきます。膨大な量の霊的な情報が霊線にはあるので、余分な情報はできるだけ排除する必要があります。だから、見るほうは、きちんと目的をはっきりともって見る必要があるわけです。そうでないと、枝葉だけの表層的な情報で止まってしまうからです。

見るほうとしては、何かに関心をもってその人の霊線を見ていけば、自然と関係のある映像が見えてくるというような現象がおこります。

霊的な情報のラインがそこに出てきます。何らかの時空間のシンクロニシティとつながっている「情報の霊ライン」が多方向に出ているのです。私たちは、レコード針をレコードに落とすように、どの線につなげば何が見えるかをじっくりと見てゆくわけです。

たとえば、あるテーマのことを霊視するとして、そのテーマを謙虚に、しかも真摯《しんし》に聞きたいと思って相談にくる人のオーラの状態と、承認願望があってすでに結論ありきで相談にくる人のオーラの状態ではまったく違います。後者の人のオーラを見るのは、言葉は悪いですが、非常に面倒くさい。その人の願望通りではうまくいかないことが多いからです。

そもそも自分に自信があるならば、人に聞く必要はありません。ところが、潜在意識的にはうまくいかないと不安に感じているから、承認されたいと思って相談にくるケースが後者です。後者の人は、私が承認してくれれば自分の願望は叶えられるという思いで相談にきます。これは厄介なケースで、そういうタイプの人の願いは逆に通りづらいものなのです。その場合は、その人の願望とは異なる可能性を、オーラを見ながら探らなければなりません。

そういう場合は、私たちは、その人の後ろにいる先祖たちに聞くことにしています。なぜこの人はそういう願望をもっているのか、と。するとだいたい、その選択をしたがる過去の癖などの背景を先祖たちは教えてくれ、その癖から脱却するための特定の示唆をしてくれます。

ただし中には、先祖が一緒になって、その願望の方向へ突き進もうとする場合もあります。

そのときは、先祖もろとも反省する必要があるときです。こちら側も先祖を含めて当人を説得しなければならない事態になります。

霊障とオーラの関係

霊的な事象との全体の理解を深める

また先祖の霊ではなく、その人にまとわりついているオーラが、土地に残留している精気、つまり「魄《はく》」に近いオーラとつながって霊的な反応を起こしている場合もあります。これが土地における霊障《れいしょう》とか憑依《ひょうい》と呼ばれているケースです。

しかしそのような霊障や憑依も、それほどひどく深い影響を及ぼすことは稀《まれ》です。本来人間は、あらゆる邪気を払いのける力をもって生まれてきます。人間はそもそも内在神的で、生まれたときから神の力が備わっているのです。だからそう簡単には憑依されません。

もちろん「私は神だ」というくらい自信をもっている人はほとんどいません。その自信を失った状態で生まれてきて、いかに自分が自由自在の存在であるかを再認識していくことが、この世のトレーニングであると見ることもできます。それは私たちそれぞれがもっている今生《こんじょう》のカリキュラムであるといえるのです。

オーラを見ていると、確かにその人がいろいろな力や価値観のバランスの上にオーラが成り立っているのだということがよくわかります。

「Attraction（吸引力・誘因力）」「Unison（調和力）」「Repulsion（反発力・排斥力）」「Activation（活性力）」の総合的なバランスの中にオーラの形があるように思われます。

外側からオーラを縮めようとしている力が働いているかもしれません。それに反発して自分のオーラを強めようとする力が働いていることも考えられます。これが反発力。そして全体的には環境と宇宙との調和を図っていて、かつ、いまあるオーラの範囲内で、霊的な力をどれだけ味わえるか、感じられるか、思い描けるか、神々しい自分に触れられるかによって、オーラの総合的な理解が深まっていくのです。

先述したように、オーラは二重構造になっていて、普通の人では見えにくいハイスピリチュアルな、情報の細かい質のオーラと、もう一つは単に熱量的な、鉱物にまとわりつく「魄」に近い量のオーラがあるわけです。

その人の本質的な霊性から出ているのが質のオーラで、物質のみから出ているのが量のオーラです。深い探求をせずとも、コツをつかみさえすれば見えるのが量のオーラです。

量的なオーラによって、人の元気度、生命エネルギーの大小を見ることは比較的容易ですが、それ以上のことを感知するには、何がオーラかを探っていく過程の中で、少しずつ深め、感じていくしかないのです。

オーラのバランスを知る

オーラを整えることの意味

オーラを意識的に整えることによって潜在能力を活性化させる方法もあります。ただし、体の調子が悪くなって、神経医や接骨医のところにいくのと同じではありません。たとえば、接骨医ではあなたの背骨は曲がっているなどといわれますが、自然に曲がっているからこそ、外部からの影響を整えることができる場合もあるのです。ただゆがみがあるから、真っ直ぐにすればいいというものではありません。

最近のスポーツ工学の分野では、その人のもっている立体的な状況や構造を意識の力で少しずつ変化させるという方法がとられていると聞きます。どこに力が入っているかを意識させることによって、自然に背骨が真っ直ぐになる療法も考えられているといいます。

前に述べたとおり、体は左右対称であると考える必要はないのです。右足は内巻きで、左足は縦に強い。顔も左右が違う。ちょっとずれることによって、バランスを取っているということに着目すべきです。

同様にオーラも、バランスを取って整えなければならない。なぜ整えなければいけないかというと、整った状態で初めて体が十二分に働くからです。オーラが整っていると、もともとその人に秘められた霊性とか、超心理学的な能力が外に出てくるようになるのです。それが自然に働いている状態になります。

たとえば、「いまから念力でスプーンを曲げてみせる」とか、「いまから透視してみせる」といって、特別な状態を意図的につくろうとするのは、私から見れば、どこかねじ曲がっている状態です。理想は、常時そういう状態にあるべきなのです。

そうしたオーラの状態をつくってあげると、自然に霊的な潜在能力が、必要な分だけひとりでに働いて現れます。「最近少し運が良くなった。良くなったまま悪いほうに戻らない」「昔よりも心穏やかに過ごせる」といった進化が、オーラを整えるということなのです。奇妙に聞こえるかもしれませんが、「心の形」を整えるのです。

本来は年齢を経て、時間をかけたら、確実に整っていかなければおかしいのです。ところが私の見るところ、近年では若い人も年寄りも、その整い方に大差ありません。年寄りの一部は「昔は良かった」などといい、若い人はそれを見て「昔も今も同じだろう。昔のあんたは俺よりひどかった」などといって怒っています。どちらにも理があるのでしょうが、その両方を見て、やはり「人の振り見て我が振り直せ」なのです。「自分でバランスを整えなければ……」と思える人が、オーラを整えるバランスを知ることができるのです。

近年では、自分の意志や表現意欲を前面に出さなければいけないとされています。当然、何か目的をもってそこに進むときは夢中になって打ち込むことは重要です。普通に人と人とのコミュニケーションをとらなければならない場にいるときは、人の感情に寄り添えるということは非常に重要な能力の一つでもあります。

志は高く、意志は強固に、人には優しく。会話は柔和《にゅうわ》に、面白く――これらがオーラの整った精神状態であると私は思っています。

いかにしてオーラを整えるか

考え方と小さな行動の積み重ねが大切

ですが、ここにも罠《わな》があります。整った精神状態を求めようとすると、とてつもなく理想的なものを設定してしまうので、「そこに近づけない」と思い込んでしまう人がいることです。緊張しすぎてしまうという悪い癖で、逆に悪い結果を招くことがあります。日々の生活の中で、別に怒ってもいいし、悲しんでもいいし、妬《ねた》んでもいいし、苦しんでもいいのです。それらはある意味、人間に必要な感情でもあります。

しかし、本当に大事な問題は、そこから何がわかって、どうしたら心が落ち着くだろうと「研究する」ことなのです。それが心を整える理性というものです。苦しみっぱなし、妬みっぱなし、悲しみっぱなし、怒りっぱなし、愚痴《ぐち》の言いっぱなし、呪いっぱなしではいけないのです。

「オーラを整える」ということは、本当に日々の生活を楽しくしようとまず思えるようにすることだ、ということに尽きます。とにかく何でも楽しもうとすることです。自分をまず、何もなくても楽しませてみる。ちょっと微笑んでみるのでもいい。自分を励ましてみるとか、神との一体感を感じてみるとか、とっても素敵なことを祈ってみるとか、それだけでいいのです。

世界人類が平和で、自分も平和で、とてもみんな豊かになるということを思い描いてみてください。そんなことはありえないなどと理屈を振り回さないで、自他共楽を思い描き、徹底して祈ってみることです。また、人といるときは、相手の感情を少しだけ優先することです。

これだけでも実行すれば、人間は幸福感を高め合うことができるようになります。すると、〝勝手に〟オーラも整ってゆきます。不思議な能力的なシンクロニシティも始まり、必要な情報が入ってくるようになります。日々のその積み重ねが重要なのです。

本当にオーラが浄化されている人は、人が会いたいなと思う人だということを思い出してください。つまりオーラを整えるとは、魅力的な人になろうとすることと同義なのです。この人といたらとにかく運が良くなるとか、楽しくなると思えるような人になることでもあるのです。

常識論はあまり好きではありませんが、オーラを整えるということは、人間的に力強く優しくなることなのです。力強く楽しむという存在になることです。オーラが整っている人ほど、心も整ってゆくし、面白い人になってゆくのです。

2章 未来を「予知」して「吉凶」を正確に読む

予知能力と透視能力の特性

時間・空間の拘束を受けない不思議

人間の透視能力や予知能力が存在するということが、ある程度事実として認められるようになってきました。それを否定する人は、逆に科学的ではありません。いまは、予知は当たり前で、「マインドレース」と呼ばれる最先端のテクニックが実用的な技術として使われるようになってきています。

マインドレースとは、人々の潜在意識や集合無意識を利用して未来を予知したり、遠隔地や視覚では見えない場所などを透視したりする方法です。たとえば、諸大国の諜報機関でも、実際に「奥の院」では活用されており、その精度を高めるために研究が続けられているのは間違いないと見られています。日本でも一部の在野の人たちが研究をしており、かなり高い精度で未来をある程度予知することに成功しています。

その中でとくにわかってきたことは、**「透視能力をトレーニングする過程の中で、並行して予知能力が強くなってゆく」**ということです。透視と予知はほぼ同時におこる、あるいは、おきやすくなる。つまり、未来を感じることと、いま物理的に隔《へだ》てられているモノを遠方から感じる能力とは、つながりがあるということなのです。予知や透視などの特殊な霊視能力は、時間と空間の壁の外側にあって、時間や空間の拘束を受けない能力であるということがわかってきたのです。

物理的な力で時間をかけて物質に影響を与えたりする普通のエネルギー伝達系の能力とは明らかに異なる能力を人間はもっているのです。かつては千里眼《せんりがん》をレーダーにたとえたりしましたが、いまでは電波の反射を利用するエネルギー伝達系とは明確に一線を画《かく》しています。千里眼などの透視や予知は、シンクロニシティ的に発生するのです。情報と情報が超時空的に共鳴する。エネルギー交流などまったくなしにおこるのです。ある意味、量子論的な現象としておこります。相対する量子がどんなに離れていようと、空間を切り裂くように瞬時に絡み合い、情報が共有されるような現象があるのです。あたかも量子論的に現象がおきるのは間違いのない事実で、その量子論的な説明をどう深めるかが大切なのです。

こうした現象は、時間と空間を超えておきます。過去を見てしまったり、未来を見てしまったり、時間の流れが違う世界を見てしまうようなことが実際におこります。ここにある塀が、別の時空にある宇宙「平行世界・平行宇宙」では存在していないというようなことがおきるのです。

そういう現象を目の当たりにすると、人間の心というのは、時間と空間をかりそめの場としてここに置いていているにすぎないのだということがよくわかります。そこをキーステーションとして肉体としての身体を置いて活動しているだけで、実際には時空を超えた自由自在の存在であることもわかるのです。だからこそ、未来を垣間見たり、過去を見たり、時空の違う世界を見たりすることができるのです。

ただし、この予知性の能力にはグラデーションがあります。遠い未来のモノは、選択肢が多くなるのです。一週間ぐらい前になると、その当たる確率は高くなる。直前ならば一番高い確率で当たります。

競馬のレース結果を予知する

先入観を排する工夫がポイント

そうした能力を実際かつ実用的に使うことはできるのでしょうか。たとえば、競馬や競輪に使えないかと聞かれることはよくあります。答えは「イエス」です。先述したマインドレースを使って、実際に競馬を当てる実験をしてみましょう。

未来を予知して当たり数字や馬券を選ぶ場合、**一番大事なのは、基本的に先入観をまったく入れないようにすることです。**たとえば競馬の予知をする場合、馬の名前を見て選んではいけません。馬の名前で選ぶと、どうしてもその人の先入観が入り込むからです。たとえば、「チャイニーズ・スター」という名前の馬がいたとすると、チャイナとスターという言葉がもつイメージが先入観として無意識的に浮かんでしまいます。すると、それだけで予知能力が乱れるわけです。

ですから、競馬を予知する場合、**第三者にそばにいてもらい、アトランダムに馬番とはまったく異なる数字を各馬に割り振ってもらいます。**その際、予知する人はどの数字がどの馬に割り振られたかはわからないようにします。そして、**予知する人は順番に数を1から数えながら、何番のときに自分自身に反応が起こるかを観察します。**これがマインドゲームの神髄です。先入観を完全に排して潜在意識に予知を完全に委ねるわけです。

この反応の観察の仕方にはいろいろあり、ペンジュラム（振り子）を使う人もいれば、カードや易占いで決める人もいれば、単純に最初の閃《ひらめ》きだけで決める人もいます。

先述した魄《はく》のオーラを使って決める方法もあります。**ツルッとしたテーブルの上を親指の横腹を使って力を入れずに軽くこすります。**そして自分で数を数えながら、それぞれの数字を唱えたときに変化がないかを観察します。**何度も数を数えたときに、どこかで引っかかりがあったときの数字が「当たり」の数字となります。**

これは、指の先から出ている魄（オーラ）が物質に影響を与えるとベタつくという、ある種の魄の粘着性を利用した技術です。まるで帯電したようになります。だから滑りが悪くなるのです。

競馬を当てる人がわからないように、第三者が、
数字に馬の名前を割り当てる

1、2、3と数を数え、どの数字に体が反応するかを見る

1，2，3と数を数え、テーブルに親指をこすり、どの数字で引っかかるかを見る

このアトランダムに数字を割り振った予知実験は、できれば一レースにつき三パターンくらい実施するといいでしょう。というのも、3が好きだとか、6が嫌いだとか、数字にもその人の先入観が入る可能性があるからです。ランダムな数字にもかかわらず、選んだ数字が三回とも同じ馬を指し示せば、それはかなり当たる確率の高い馬であると考えることができます。

三回実施するのには、ほかにも理由があります。予知能力が何かに反応してまったく働かなくなる場合もあるからです。たとえば、人間の予知能力を混乱させる馬やジョッキーが出場した場合、能力が攪乱《かくらん》されて、うまくいかなくなることがあります。その場合は、三パターンの実験をしても、偏りがおきません。つまり三回とも違う馬を示してしまいます。その際は一回休憩して、偏りがおきたときだけ賭けるようにすればいいのです。

また、三パターンの予知実験をしたときに、その出方次第で、予知馬が一頭だけに偏れば一点買いにして、二頭以上に偏るのであれば一番目と二番目の馬を組み合わせた連勝複式的な買い方をすればいいのです。

かつその選択を**馬券が買えるぎりぎりの直前におこなう**ことです。火事場の馬鹿力と同じ現象で、切羽詰まったぎりぎりのときにあえて緊張を緩めて、あるいは雑念を払って予知すると当たる場合が多いからです。**予知能力は直前になればなるほど強くなります。**ぎりぎりで予知するほうが当たる確率が上がるはずです。

的中しやすい心理状態をつくる

当てる目的をはっきりさせる

あとは自分の能力を信じて、実験をしてみることです。自分で体験して成功すると、その能力は確かなものになっていきます。いい状態で使えるようになります。その能力を信じて受け入れたからです。能力に自信をもてば、迷わなくなります。迷わなくなると、ますます当たるようになります。「信じれば与えられる」のです。

神様は人間に依存したりしないので、人間が信じようが信じまいが神はあると思ってください。私は「宗教嫌いの神様好き」です。大きく宇宙的な創造の意志があるという思いは、私たちのビジョンにパワーを与えます。神様は大切なものをすべて与え、ただ笑って見ている――そのように考えることはできないでしょうか。

というのも、人間が自分の能力を使う場合は、その神授能力を信じないと使えないからです。信じないと引き寄せないのです。その信じるために体験をするというのは、非常に大事な作業です。

自分の能力を信じるために、自分の心を感動させるような奇跡的な体験になるべく多く触れることが重要です。そのためには直前の予知をまず実験してみるのが良い方法でしょう。

それと同時に、**目的が自分の喜びに直結していることが重要**です。

意外かもしれませんが、実は「当たると商品が出る」とか「賞金が出る」といった喜びがあるほうが、予知実験には適しています。目的がはっきりしていて、賞金額もはっきりしているほうが予知能力は働きます。むしろ競馬や競輪は条件としては非常にいいわけです。

しかし競馬で賭けることのみを目的にしてしまったら、いずれは行き詰まります。競馬を目的とするのではなく、競馬で儲けた金を「何に使うか」という目的を明確に設定するほうが良いのです。なぜお金が欲しいかの目的が具体的に詰まっていないと、予知能力はなかなか働かないからです。

その目的を描く際も、すでにその目的が達成されたイメージをしっかりともつことが重要です。さらには、あまりドキドキしない程度の金額から始めることをお勧めします。そのほうがリラックスして、当たる確率が上がるからです。

私の体験を話すと、ある雑誌の企画で競馬の予知実験をしたいという依頼を受けたので、実際に競馬場にいって実験したことがあります。その際、目的として「実験に参加した皆が喜べる」というイメージを設定して、予知しました。そのために、「私は買いません」という状態を保ったのです。儲けたいという欲望を排除するためです。そうしたら非常に高額の当たり券を予知することに成功しました。

しかし、ここで魔が差しました。あまりにも当たるものだから、最後に調子づいて私も馬券を買ってしまったのです。すると、その回だけは、ビリ1とビリ2の馬であったという落ちがついてしまいました。さらに悔しいことに、最後のレースは実験に参加した人たちは誰も賭けなかったのです。だから私だけがすっからかんで、皆は最後まで大儲けしたわけです。

一時は半べそ状態だった私も、当たり馬券で儲けた副編集長に帰りにお寿司をおごってもらったので、私のイメージ通りに皆ハッピーで終わりました。予知とはそういうものなのかなと実感した体験でした。

また同様に雑誌の企画で「宝くじ当たるか大実験」に参加したこともありました。そのときは、宝くじを当てて、その当てた金を使って周辺で一番いい肉料理の店で、皆で食事をしようという設定をしました。そうしたらぴったりその金額が当たったこともありました。これはやらせでも何でもなく、多くの目撃立会者もあり、誌上に取り上げられました。

的中率を高めるイメージのつくり方

良いイメージが湧く言葉を見つける

私は、予知に欲があっても悪くないと思います。問題は、どうやってその奥底に潜む自分の心と折り合いをつけるか、なのです。私たちはこれまで、過剰に期待して裏切られたとか、深層意識や表層意識などで多くのねじれや歪《ゆが》みをつくってきてしまっています。しかも、うまくいかなかったことの反省はあまりしません。すると、「欲に目がくらんだからダメだったのだ」と短絡的に思い込んでしまったりします。

すると、「金儲けなどの欲は汚い」というイメージをつくり出してしまうのです。そうした後ろめたさがあると、その後ろめたさが現実となって現れ、予知の回路が閉ざされてしまうのです。自己正当化のために、お金を悪者にするという心理です。

どうしてそうなったかを反省しないから、このようなことがおこります。失敗したら、どうして予知の回路が作動しなかったのかをよく検証することです。「神様回路」、私は「ゴッド・レベル・パワー（GLP）」と呼んでいますが、その回路が作動しなかった理由をよく検証すれば、予知能力は適度に楽しく使えるようになります。

落とし穴の例をもう一つ挙げましょう。まちがった祈りを言葉だけでうまくいくと思い込むことです。「私は成功します。私は成功します」と繰り返し唱える人をよく見かけます。ところが「成功」という言葉に、良いイメージをもっていない人が多いのです。そういう人に限って「成功」という言葉をムリに使って祈ろうとします。すると、「成功」、「成功」と唱えながら、心の奥底では「あのときの失敗」「あのときの不成功」というイメージを喚起し続けることになってしまうのです。成功哲学の本を読んで、ポジティブ・シンキングで「絶対成功するぞ」と唱えても、実はあまりうまくいかない人がいるのはそのためです。

あまりにも成功という言葉に固執《こしつ》して、かえって失敗してしまう人は大勢います。それは言葉のイメージに「濁り」があるからなのです。言葉だけでイメージしようとしてはいけません。**思い描くのは言葉ではなく、「うまくいった先の世界」をイメージし、そこに住もうとすることなのです。**それはおそらく「たおやかな世界」であり、「まほろば」のような理想世界です。自分が一番心地よいと思う名前をつけても良いでしょう。私はその世界を「事前現実」（インナーリアル）と名付けて大切に育て続けています。

自分の成功世界を一言でいうと何か。その名前に悪いイメージがついていないかよく吟味して選ぶことです。その言葉を唱えたときに、自分の心が心地よいかどうか、内側から外側に緩んでくるかどうか、胸のあたりの感覚を使って確認すると良いでしょう。いいイメージとくっついている言葉は、胸から外側に力が開かれて、抜けてゆく感じがします。逆にストレスのある言葉は、胸のあたりで閉じたり肩が重くなったりする感覚があるはずです。縦に重くなって、横に閉じます。これに対し、良いイメージの言葉は、縦に軽くなって横に広がる感じがします。

そうやって見つけた「いいイメージとつながる文字」は、日本の漢字の場合、左右対称の字であることが多いのです。だから左右対称の文字をいろいろと書き出してみて、探してみると良いでしょう。ちなみに私は、私の名前にある「真」や「山」という文字をよく利用します。

能力発揮のタイプを知る

ビギナーズ・ラック型か、エンド・ラック型か

イメージの仕方を覚えたら、次は自分の予知的能力を知るために、自分の時間的な癖を知ることが非常に重要になります。

「取り組み始めに能力をすぐに発揮できる人」と、**「取り組み始めてから時間が経ってようやく能力を発揮できる人」**の二つのタイプがあるからです。透視実験をやっても、取り組み始めにいきなりいい成績を出すタイプがいる一方、最初はダメでも後になってからいい成績を残すようになるタイプに分かれるのです。

前者がビギナーズ・ラック型で、後者は、何かの実験をする際に終わり（エンド）に近づけば近づくほど能力を発揮するので「エンド・ラック型」と私は呼んでいます。世の中では一般的に、このビギナーズ・ラック型の人を運のいい人と呼んでいます。

これに対してエンド・ラック型の人は、自分の運がいいとは思わない傾向があります。そういう人は、だいたいいじめられっ子であったり、不器用な子といわれたり、トラブルメーカーと呼ばれたことがあったりします。しかし、「終わり良ければすべて良し」で、本当に運のいい人はエンド・ラック型であるかもしれません。

だから、自分がエンド・ラック型であることがわかった人は、それを逆手に取ればいいのです。それに気がつくことなく、エンド・ラック型なのに最後までやらずに諦《あきら》めてしまう人がいるのは、実にもったいない話です。自分の能力が発現する前に蓋《ふた》をしてしまうことになるからです。すると、ずっと運が悪いまま人生を終えてしまいます。

そういう私も、長い目で見ると典型的なエンド・ラック型でした。ESPカードの実験をやっても最初はあまり当たりません。ところが。実験が終わるころになると急に信じられない確率で当たり出します。

私はあるときからこのことに気づき、自分はエンド・ラック型であるから、年を取れば取るほど能力が開花すると思うようにしました。「ここから人生は盛り上がりしかない」と信じました。すると、本当に人生が盛り上がってきたのです。

逆にビギナーズ・ラック型の人は、最初は好成績を上げるのでちやほやされます。すぐに頭角を現してアイドルやタレントになって、その後下がっていってしまう人は大勢います。このタイプの人は人生の後になってから盛り上げるのには苦労します。そこでビギナーズ・ラック型の人への私からのアドバイスは、人生の後半はエンド・ラック型の人と組むことです。お互いを補完し合えるコンビを探すのが一番いいのだと思います。

私と同じようなエンド・ラック型の人は、物事のやり始めや若いうちはビギナーズ・ラック型の人からアドバイスを受けると良いでしょう。ビギナーズ・ラック型の人は、人生の後半においてエンド・ラック型の人と組んだり、アドバイスを受けたりするように努力すればいいのです。人間はそこで協力し合わなければいけません。人生全体の協力関係をうまく築かなければならないのです。人間同士が組む必要性を示す「カギと鍵穴」のごとき関係が、この二つのタイプから見て取れます。

タイプの違いを活かした成功のコツ

二つのタイプが補い合うのが理想

ビギナーズ・ラック型の人は、発言が強気だし、一見わがままに見えます。半面、若くして大集団や国家的なリーダーになることもあります。

かつて年老いて一時の勢いを失った国の長老は、若い巫女《みこ》に国の行く末を占ってもらったこともありました。激しい神懸《かみが》かりをする巫女はビギナーズ・ラック型であることが多いのです。巫女がビギナーズ・ラック型であれば、下り坂の長老とはいいコンビということになるわけです。卑弥呼《ひみこ》はその点、典型的なビギナーズ・ラック型であったと思います。内乱で荒廃した国を若くして治めることに成功しているからです。晩年は苦労したことが、記紀神話などから推察されます。巫女が年を取ったら代替わりしなければいけないのにも、そこに理由があるように思われます。

以前、ＴＢＳが放映したテレビ番組の透視実験では、私がアドバイザーとして参加、五〇〇個の紙コップから一つだけ印の付いたコップを被験者数名に当てさせるという実験をさせたことがあります。その際、被験者をグループに分けて、お互いにどのタイプかを調べさせました。実験の最初のころは、エンド・ラック型の子はビギナーズ・ラック型の子に判断を譲り、後半はエンド・ラック型の子に判断を委ねました。その結果は放送された通り、五〇〇分の一の確率の「コップ当て」を一二時間かけて見事に当てることに成功したのです。エンディングでは皆、泣いて喜ぶというヤラセなしのハッピーエンドを見ることができました。

簡単な予知・透視能力はすべての人間の中にすでに備わっています。精神的な状況さえ整えれば、勝手にその能力は発現します。ならば、自分がどのタイプかを見極めることも重要になってきます。一〇回予想したとして、最後のほうに当たるタイプか、最初に当たるタイプかを知ることによって、より確率の高い予知や透視が可能になるのです。

二つのタイプの問題は別にして、ある程度経験して熟達してくると、予知・透視能力などによって得た、自分にとって重要なビジョンが、自分の好き嫌いと一致してくるようなことがおこります。自分が好きなことに関する行動をとった場合、その思いの中に透視能力と予知能力が無意識のうちに加わっていれば、好き嫌いでも間違った選択をしなくなるのです。危険な道を選ばなくなります。何となく嫌《いや》だなと思って旅行をキャンセルしたら、事故に巻き込まれずに済んだ、というようなことがおきるようになるのです。

そういうバランス現象（人によっては円滑化現象ともいう）は、日々の運命の円滑化と透視・予知能力のレベルアップと深くつながっているのです。

「相手」のある勝負で勝つには
心と環境の変化を読む

ビギナーズ・ラックと先入観の関係も説明しておきましょう。

ある麻雀のプロがいました。私の見るところ、彼は運命学を知り尽くしていました。調子がいいときに、調子の悪い弟子に自分の時計を貸すだけで運が良くなるということを知っていました。私にいわせれば、彼の麻雀勝利哲学はほとんどオカルトです。彼は一億円の賭けマージャンにいったときに、「一億と考えると迷う」と思って、一億円を受け取らないことに決めました。それで一億円の賭けマージャンに代打ちして勝つのです。すると本当にお金は受け取らず、代わりにラーメンをおごってもらっただけで帰ったというエピソードがあります。

このような神懸かったギャンブルの達人の一人と私は、ある雑誌の企画でバカラの一騎打ちをおこなったことがあります。バカラはトランプを使った、いうなれば丁半博打です。読者代表が二人参加し、四人で点数を競ってバカラをプレイしました。バカラは賭けても賭けなくてもいいゲームです。スルーすることもできます。

最初、彼はまったく賭けません。読者代表はビギナーズ・ラックがあるとその人は知っていたからです。最初の三回はビギナーズが勝つ、と。実際、読者代表の二人は最初の三回大きく勝ちました。ところが、四、五回目あたりからこのビギナーズ・ラックは崩れ始めます。

プロ雀士の彼はそのことをわかっていてもまだ賭けません。ビギナーズ・ラックが終わったと思った私は、読者代表の逆張りをしてドーンと賭けて、読者代表から点数を稼いだわけです。最後はその彼と私の一騎打ちになりました。私は直感を使って三回ほど勝ちました。四回目でちょっと乱れた次の回で、プロ雀士が反撃に出ました。もっているチップの全額を私の逆張りにしてきたのです。私はきれいに負けました。点数を全部もっていかれたのです。彼はほとんど一発勝ちです。運命学を知り尽くしていて怖いなあと心底思いました。生涯大きな賭けマージャンで一度も負けたことがないといわれているだけはありました。

このエピソードの裏には、ビギナーズ・ラックと先入観の問題があります。実は、**ビギナーズが勝てるのは、データや知識がないことによって、先入観にとらわれていないから**なのです。**最初は純粋に楽しいから勝てます。**ところが、四回目あたりから欲が出てきて、余計なことを考え始めます。すると、勘が働かなくなるのです。

つまり、「今度はこうすれば勝てるのだ」とか「私は運が強いから、このまま大金持ちになるのだ」と先入観をもつようになると、勝てなくなるのです。予知も当たらなくなります。先入観がいかに知らない間に心の中に忍び寄るか、を物語っているのです。

しかしながら、言い換えると、**ビギナーズ・ラック型の人でも、余計なことを考えずに雑念となる欲望などを排してゲームをすれば、勝ち続けることができる**ということです。そして、**ちょっと慢心したなと思った時点で止めればいい**のです。

つまり、流れを読むということです。観察者である自分の心と、外側の環境という二つの霊的な流れがあって、その水の流れの交わり方というのは、本当にかっちりと法則が決まっているのです。それさえ読んでゆけば、流されないし、傲慢《ごうまん》にもならない。強引に水を渡ろうとすればひっくり返されるようなものです。

いまの自分の状態を読むことが非常に大事なのです。人間の心も瞬間、瞬間に変わります。それを読み切ったうえで事に臨まなければなりません。流れが濁るとうまくいかないのです。

たまたま入ってきた数字で予知する

数字が示唆する運命を卦で読み解く

予知には、シンクロニシティ・リーディングという技術もあります。多くの場合、易《えき》を使って占断します。

人間の能力というものは、周りの環境がもつ様々な情報とつながっています。一般の人は、環境に現れてくる情報を単なる偶然として片づけてしまう傾向があります。しかし私たちは、偶然に現れる情報こそ必然的にやってくるのだと考えていますし、そうであることを体験して知っています。私たちの周りの環境の中に現れてくるものはすべて必然なのです。まずはその考えを受け入れて、信じてみてください。

偶然には意味があるのです。その意味にもプラスの意味とマイナスの意味があります。マイナスの意味はちゃんと受け入れて、自分を変化させるきっかけにすべきです。そうするとプラスの意味に変化します。それがこのシンクロニシティ・リーディングの基本なのです。

数字によるリーディングは、たとえば、買い物をしたときのレシートに1が並ぶ、車を運転中、目に飛び込んでくるナンバーに2が多い……など、たまたま飛び込んできた数字で判断します。この「たまたま」ということが重要で、自分から意識して探してしまうと、主観が入ってしまい、シンクロニシティの意味合いが薄れてしまいます。

私の体験を例として挙げると、本当に人生の転換期に差し掛かると、私の場合は周囲に「1」という数字が現れるようになります。

実をいうと、「1」という数字は私にはトラウマのようなものでした。というのも、子供のときにはどんなに頑張っても一番になれなかったからです。成績も良かったし、競争も速い時期がありました。そういうときでも、急に転校生が現れて一番になれなかったりして、一番とは縁がない子供時代を過ごしました。

ところが、大人になってから、何か変化がおきるときは、必ず周囲に「1」が現れるようになったのです。たとえば、最初に東京に出てきたときに下宿先で易占いをしたら、1と1の「乾《けん》為天《いてん》」という卦が出ました。これは「何でも通す」という意味の象徴です。

それ以外にも、「1」とは縁がありました。古くから付き合いのあった、スプーン曲げで知られるイスラエルの超能力者、ユリ・ゲラー氏が「私のラッキーナンバーは11である」と盛んにいっていたからです。

東京での最初の就職先が決まったときも、その会社に就職していいかどうか占うため、浅草の浅草寺《せんそうじ》をお参りしておみくじを引きました。当時、浅草寺のおみくじは「凶」が多いことで評判だったので、運試しをしたのです。「大吉」などめったに出ないとされていたのに、私がサッとくじを引くと、それが「一番」で「大大吉」であったのです。「叶う」としか書いていない不思議なおみくじでした。私は結局その会社に七年間在籍、出版や能力開発の教材を担当させてもらうなど楽しい時間を過ごさせていただきました。

「1」は易でいうと「乾《けん》（天）」、神々しいことの始まりという意味です。ゾロ目はそれぞれの数字がもつテーマをさらに強調するシンボルです。

「2」は、ついたり離れたり、動き回ることを示します。たとえば、一緒にいたいという恋人がいる人がその恋人のことを占って「2」が出たら、それは離れる可能性があることを示唆しています。ただし、離れてもまた戻ってくることを同時に示しています。

なぜ、「2」がついたり離れたりという意味があるかというと、それは易の「兌《だ》（沢）」を表すからです。天真爛漫《てんしんらんまん》な少女のような性質を示すことから、移り気という結果がついて回ります。だが、そうでありながら、お金は稼げるという卦でもあります。お金は貯まるが、軽いものはついたり離れたりする傾向が見て取れるのです。この卦が出たときは、自分も固定的な考え方をもたないで、冒険して何かをすると良いことがおこります。

「3」は熱を帯びて熱くなることを意味します。易では「離《り》（火）」です。場所が固まってきて激しく燃える様を表しています。それは感情的になるという意味でもあります。すごく待ち望んで「まだか、まだか」という状態に陥りやすくなります。車のナンバーでやたら「3」を見かけるときは、事故に気をつけなくてはなりません。「早く着きたい」という焦《あせ》りの状態を示しているからです。感情に左右されるな、という意味があります。

「4」は、非常に安定している状態を表しています。易では「震《しん》（木）」。枝を伸ばした大木のように、いろいろなものが出そろって、豊かに安定したときです。ほかの人たちに次々と認められてゆくような場所（地位）に立ったということを意味しています。

「5」は、「4」の次の状態で、**人々に認められることによって自分が段々と自由になっていくことを示唆しています。**易では「巽《そん》（風）」。空を飛ぶ羽根や翼をもったように自由になり、広がっていくというイメージです。時間的、空間的広がりを実感できる瞬間でもあります。ただし、先にいってしまう時期という意味もあるので、いまこの場にこだわっている人にとっては、分散してうまくいかなくなるということもおこります。

「6」がくるときは、生命力に戻るときであることを示しています。易では「坎《かん》（水）」。恋愛とかセックスとか、いのちの元に帰るとか、生命力と深く関係することに戻るときであることを暗示しています。創造する、つくることをする時期なのです。生命の大切さを強く感じたり、何かをつくり出すという衝動がやってきたり、霊感がわいてきたりします。

「7」は、山と山とがぶつかるような、強い力とのぶつかり合いのときです。易では「艮《ごん》（山）」となります。大地と大地が衝突して山が隆起するときであり、さらに造山活動が続けばすでに出来上がった山が崩れるときでもあります。つまり大変化のときです。ラッキー7となる人もいれば、大逆境に陥る人も出てきます。いままでどん底だった人にはおそらくラッキー7となりますが、いま適度な場所や地位にいる人にとっては、騒乱が起こる可能性が高くなります。いずれにしても、その変化に備えなければなりません。

面白いのは、山を象徴するピラミッドは二つ重ねにするとどちらもパワーを失うことです。ところが三つ重ねると今度はより力が強くなります。偶数重ねすると力を失い、奇数重ねは力を強めます。三重の塔や五重の塔が多いのはそのためです。いずれにしても、そのような大変革が起こりやすいことを「艮」は示しているのです。

「8」は、たくさんのモノと強くつながることを示しています。易でいうところの「坤《こん》（地）」です。ただし、多くのモノとつながるといっても、八方美人か八方塞《ふさ》がりのどちらかに陥りやすくなります。確かに、すごい人脈ができたり、多くの情報が入ってきたりするときではありますす。しかし、それによって激しく規制される可能性もあるわけです。たとえば家族をたくさんつくれば、それによって自由は制限されます。だが、家族をつくったことによって知る喜びもあります。たくさんの人が常時つながった賑《にぎ》やかな状態ですが、それがプラスになるかマイナスになるかは、その人が判断しなければなりません。

シンクロニシティ的「易占い」

時計を使って、いまの運気を占う

このように、シンクロニシティ的な判断は、つねにプラス面とマイナス面を見なくてはなりません。ある状態が到来することがわかったときに、その状態が損か得か、どのようにプラスかマイナスか、を見極めることが重要になります。自分の目的に合っているかどうか。合っていないと判断したら、そのシンクロニシティ的現象が発生している間はじっと静かにして勉強する時間に当てます。合っていると判断したら、ドンドン積極的に行動すべきです。静かに通り過ぎるのを待つか、積極的に打って出るか、陰と陽の行動パターンをよく吟味《ぎんみ》することです。

「9」は、易にはありませんが、全部取り換えて新しい世界になるという前兆です。つらい状況であれば、光明が差し込むような大変化が訪れることを意味し、非常に楽しくて良い状態であれば、崩壊する兆しとなります。崩壊するときは、メリメリと音を立てて、あっという間に崩壊する。そういうときは、とにかく資産をつくっておかなくてはならないし、次のプランを立てておかなければなりません。

「10」など**一の位がゼロの数字は、十の桁の数字の性質がより積極的になるという意味です。**つまり「10」なら「1」の状態がより積極的になるということですし、「20」であれば、「2」の状態がますます積極的におこるということを示します。だから、年を取ってから下ゼロ番の数字が表れるようになったら、もっと積極的にならざるを得なくなる、つまり忙しい状態が訪れることを表しています。

シンクロニシティ的易占断のおこない方は、以下に説明するいくつかの方法で、飛び込んできた数字や事象を確認し、巻末の「数字と形と色がもつ基本的な性質と力」をご覧ください。

次に「数字と形の出現順による64の未来占い」の表を見て、占ってください。いずれも『易経』をもとに作成したものです。

私がシンクロニシティ的易占断をするときは、カードなどを使うこともありますが、生活の中で本当に偶然に現れた数字や色、形を利用します。状態を整えるとはそういうことです。占いのために身構えるのではなく、偶然に身を委ねきるのです。自分で探し回ってはいけません。主観が入ると乱れるからです。向こうから不意に現れる数字に意味があるのです。たまたま訪れた人の服の色など、作為性が入り込む余地がない状態で、偶然を利用して占います。

たとえば最初に飛び込んできた色が藍色《あいいろ》で、その次に赤色を見たとしたら、藍色が「艮《ごん》（山）」で、赤が「離《り》（火）」であるから、山と火の順番をひっくり返して「火山旅《かざんりょ》」の卦を得ます。旅に出ろという意味です。そういう場合は留まるのではなく、出かけることにします。そうすると、物事がうまく進むことが多いのです。

一番簡単なのは、時計の数字を使うことです。たとえばいま、午後四時四六分だとします。まず四六分という分数《ふんすう》を使います（数字が八以下のときは、その数字の掛を得ます）。46を8で割るとあまりが6ですから、八卦の「坎《かん》（水）」を得ます。次に午後四時の4から「震《しん》（雷）」が得られます。すると易の卦では「水雷屯《すいらいちゅん》」となるわけです。巻末の表では、四時から得た「4」と、四六分から得た「6」から、「先4／後6」のところを見ます。すると「努力と持続力」を心掛けよう、となるわけです。

あるいは、夢の中で丸いモノ（＝1）を見たあと、三日月（＝2）を見たら、沢天夬《たくてんかい》（決断のとき）の卦を得ます。なるべく偶然性の中に現れてきたパターンで未来を予知するのが、易本来の的中性の高い予知技術の神髄です。数字と形の組み合わせのシンクロニシティを優先し、色は付随的なシンボルと見なします。あとは、どちらが先に気になったか、どちらが先に現れたかで、順番を決めるのがコツです。

社会の出来事や動きを読む

西暦や元号で未来を占う

二〇二〇年（令和二年）は「二」を強調した年であったと解釈することができます。しかも二が二つ重ねですから、二が象徴する経済の変革年であったということになります。実際に経済大国のアメリカでは、新型コロナウイルスや大統領選であれだけの大騒ぎになりました。世界も二大対立というアメリカの選挙に皆、巻き込まれました。しかも、博打《ばくち》を連想させる「トランプ」という名前までかかわっていました。

二〇二一年（令和三年）は、二二の「一」は「乾《けん》（天）」ですからリーダーシップを表します。ですから、「二」と「一」でお金とリーダーが注目されるという意味になります。とくに日本では令和の「三」から「離」の年となり、リーダー同士の激しい小競り合いがおこる可能性が高まります。激突、ぶつかり合い、火事が発生しやすくなります。火事や衝突事故には要注意です。日ごろから防災対策を講じておくといいでしょう。

ほかに巨大企業同士の激突が起こるかもしれません。各界での感情的な対立も後を絶たないでしょう。そもそも「令和」は画数でいうと、一三画ですべてが激しくおこります。令和時代そのものが激しいのです。元号はそれぞれの国の運命に大きな影響を与えます。

また、「離」の特性である表面がペラペラなモノ——たとえば、本などの紙とか映画のフィルムが非常に注目される可能性があります。紙は素材だけ見ると、震（木）のアイテムですが、紙に意味が加味されることによって離のアイテムになります。フィルムや写真も同様です。二〇二〇年に、すでに日本では『鬼滅《きめつ》の刃《やいば》』などの映画がヒットしていますが、二〇二一年はさらに映画でメガヒットが生まれる可能性が高いでしょう。「表面を飾る」ファッションも注目されます。化粧品も売れるようになるかもしれません。照明やエネルギー関連もよさそうです。

すでに二〇二〇年の暮れからいくつかの火山活動が活発化していますが、火山の噴火などにも気をつけなくてはなりません。電気に絡む事件・事故も要注意です。電気は基本的に震のアイテムですが、電気をつくる発電に関しては離のアイテムとなるからです。だからエネルギー問題が再び現実問題として浮上してくるでしょう。

3章

パワーアイテムの呪術で「運気」を劇的に好転させる

自宅をパワースポットにする

玄関と窓際に翡翠を置く風水の知恵

風水を見る場合はまず、**方位とは関係なく、玄関に何を置くかを考えます。**というのも玄関は、その家全体で何を強めたいかを象徴する場所だからです。そのためには、玄関に置かれたものが、良いほうに作用しているのか、悪いほうに作用しているのかを見極めることです。

玄関同様に窓は、邪気の出入り口になりやすい場所です。窓際周りも方位に関係なく、邪気の出入りを止めるアイテムを置くといいでしょう。その**アイテムとしては翡翠《ひすい》が一番適しています。**安い白色の翡翠（翡翠は本来は白色で、他の鉱物によって色がつく）でもいいですから、窓際に一個ずつ翡翠の原石を置くと効果的です。それだけでも、家の中の気の流れはきわめて良くなります。霊的なモノを感じすぎて眠れない人の家には、玄関や窓際にびっしりと翡翠を置いたら安眠できるようになったというケースが多いのです。その実例は、私個人でも数千件以上知っています。

次に、家の中心である中央に何を置くかも重要です。**中央に置くモノは、「自分が目指すモノ」や「自分が力強いと思えるモノ」**など、**自分が安心するモノを置くことです。**食べものを置くのも悪くはありません。旅好きな人は地図を置くのもいいでしょう。備蓄品とか緊急のときの薬箱、防災グッズでもいいと思います。

なるべく玄関や外から家の中を見えないようにするのも、防犯上重要です。昔は家の中が見えないように玄関に向かって衝立《ついたて》を立てました。実は風水的にも防犯的にも良い方法です。悪いことをたくらむ人に対して、「この家の中は何があるかわからない」と思わせることは非常に効果があります。

このように臨機応変にやってみて、自分で検証してみることが最も大切です。風水の原理主義になる必要はまったくありません。風水や家相にこだわり、最高の家を建てた人が、一年もしないうちに一家離散したというケースも時々見受けられます。それは、風水や家相は良くても、そこにこだわりすぎて家族の喜びを考えない本人の問題があるからです。第一に「人の感情」そして「環境」、さらに出入りする「人間の質」の問題で運命が成り立つことを肝に銘じることも大事です。

いま流行の風水と伝統的な風水は異なる
香港風水戦争の真相

風水がもてはやされるようになって久しいですが、風水という言葉の括《くく》りで気をつけなければいけないのは、根拠のないものが風水という名を使って主張され、信じ込まされる場合が多々あることです。つまり、風水といわれているものや家相学の中には、迷信や嘘が多分に入り込んでいるということなのです。

最近ネット上で論争になっていますが、「玄関に犬を置くとダメだ」という〝家相術〟の教えが流行っているといいます。犬を五行《ごぎょう》の「金」のアイテムととらえ、動き回るものだから、お金が出ていってしまうという解釈らしいです。「とくに玄関に向かって左に置くとよくない、と昔からいわれています」などと書かれていますが、いったい昔のどの文献にそのようなことが書かれているというのでしょうか。

実は、風水の古い時代の文献ほど、動物と金運の関係について書かれているものは見かけません。というのも、もともと風水というのは、地球の気を読むモノであって、動物を読むモノではないからです。十二支などは単にシンボルです。あくまでもイメージの問題なのです。

もし玄関に犬を置くと良くないというなら、神社の玄関ともいえる場所に必ず狛犬《こまいぬ》がある日本の神社はすべてダメだということになります。狛犬のせいでお金が出ていって、運気が動くなどという話は聞いたことがありません。戦略的に日本の神社のイメージを低下させているとしたら大問題です。

風水には一つの危険性があります。風水には戦略的に相手にこちらの考える風水を信じ込ませるという、一つの技があるからです。面白いことに、信じ込んだために実際にそうなってしまったケースもあります。これが有名な香港風水戦争の真相です。

香港ではかつて四つの銀行がひしめき合っており、お互い鎬《しのぎ》を削っていました。ある銀行が、刀の形をしたビルディングを建てました。ちょうど「刃」に見える部分が別の巨大銀行に向かっていました。これに腹を立てたその別の銀行は、屋上に大砲に見える窓拭き用クレーンを設置して対抗しました。まるで漫画のような話ですが、刀対大砲の風水戦争が勃発したわけです。

私から見れば、どちらも大したことのない風水です。東洋の風水の粋を集めたにしては、子供の喧嘩《けんか》のような心理戦に思えます。

風水というのは、それぞれの風水師なる人たちが、自分流の風水を主張し、どこまで相手に信じ込ませるかという作為的な面が強いのです。ほとんど新興宗教と変わりません。

だからこそ風水は常識的に考える必要があるのです。「玄関に犬を置いてはいけない論争」にしても風水的なこととは何ら関係がありません。むしろそれが悪いことであると信じ込ませようとする風水師のほうに「目論見《もくろみ》」が透《す》けて見えます。

自分の家に合った置き物を実験する

もし玄関の犬の置き物が気になるときは？

本来、風水というものは、いまあるものを動かさないで、いかに色を変えたり数を変えたり、あるいは何か新しいものを付け加えたりすることによって、運勢を良い方向に変えようとするかを探究する学問でした。いまあるものを不安にさせたり、壊して変えたりしろというのは、基本的には伝統によらない作為的風水です。

こういう風水戦争を見ると、私たちは風水の何を信じるかが重要になってきていることがわかります。そこで私が提言しているのは、風水師に依存するのではなく、実際に自分でやってみることなのです。たとえば、玄関に三日間、実際に犬の置き物を置き、そして次の三日間は犬の置き物を外してみるのです。それぞれ金運に何か変化があるのかないのか、試してみるのです。

別に三日と決めなくても、一週間でも一か月でも自分の好きなだけ実験をしてみればいいのです。その結果は、おそらくまちまちになるでしょう。犬を置くと金が出ていくと潜在意識が信じ込んでいれば、犬の置き物のせいでお金が出ていってしまうこともあれば、そんなことに関係なくお金がドンドン貯まる人もいるはずです。犬を置いたお陰でお金が入ってきたという人もいるでしょう。何か不安に思っていれば、そのせいで不安になるものを引き寄せるし、心に不安がなければそういったものは引き寄せません。犬を置くと不安だと思い込めば、その不安が現実化します。しかし、本当にそれを信じていいのか、という話でもあります。

実はそれは、狛犬《こまいぬ》のいる日本の神社は良くないのだという考えを刷り込みたい一部の風水師の手口であるかもしれないわけです。そもそも犬はお金にかかわる「兌《だ》（沢）」のアイテムではなく、「乾《けん》（天）」のアイテムではないでしょうか。干支を見てもわかるように戌亥《いぬい》は天の方角（北西）にあります。

中国には「犬金」といって、金のアイテムと見る向きがあることは承知しています。しかし、それはあくまでも中国の話であるように思われます。長年にわたって干支方位の関係が染みついている日本には当てはまりません。心理戦争的で戦略的色彩の強い近代中国風水を信じる必要はないのです。

中国は風水の本場だとされていますが、風水がもてはやされていたのは中国が共産主義国家になる前の話です。あれほど風水を大事に守ってきた民族の伝統も、マルクス主義によって一発で吹き飛んでしまいました。私と交流のある真の伝統的風水師も、多くが中国国外に出てしまっています。

怪しい風水師ほど、良い面は何もいわず「ダメだ」としかいいません。聞く側も、漠然とした不安をもっているので、悪い面を指摘してくれる風水師を信じてしまいます。その図式をまず理解することです。そして風水師のいうことを鵜呑《うの》みにせず、自分で実験してみればいいのです。犬、金、金運論争はその意味で、非常に象徴的な出来事だといえるでしょう。

仮に、「犬の置き物が金運に障《さわ》っている」とどうしても思うのならば、犬を置いたままそれをのり越える方法を探せばいいのです。犬が動き回るのがいけないというのであれば、動かない象徴を二つ重ねるという補い方もあります。動くモノの象徴はそれによって打ち消されるからです。たとえば、それは動かない象徴である「山」の形で塩盛りをするだけでもいいわけです。山の形のものを何か置けばいい。「艮《ごん》」とか「震《しん》」の不動のものを置きます。

この方法を応用するならば、たとえば家で女性が強くなりすぎると思ったら、父性的性質をもつ「乾《けん》」のアイテム、たとえば丸いモノを玄関に置いたり、玄関を広く見せて、天のエネルギーを強める方法もあります。逆に男性が強くなりすぎると思ったら、母性的性質をもつ「坤《こん》」のアイテムを置けばいいわけです。

疑わしければ試せばよい

他人に頼らず自分で総合的に判断する

かつて、メディアで有名になった若い風水師が中国から日本にやってきて、私の事務所の椅子の配置まで変えようとしたことがありました。私はそれを静観していましたが、椅子《いす》の位置を変えたからといって何かが変わったわけではありませんでした。ところが、その先生は数年後、若くして亡くなってしまったのです。

運は自分の命にかかわってきます。本当に自分を実験台にして、自分で少しずつ探りながら体系を組み立てるしか方法がないのです。まず風水師自身が実践し、他者の幸せと自分の幸せを両立させようとすることが大切です。

風水は環境の相を見る技術です。風水師にも二種類いて、徹底的に検証し直して、自分で風水を習得したタイプの人と、話術と戦略に長け、人の弱みなどにつけ込んで余分なお金を取るタイプです。極端に分かれているように思われます。

運命学の面白さは、検証してみることにあります。言い換えると、偉い先生や流行りのメディアに頼らなくとも、自分で検証することができるのです。中国の古伝風水も、もう一度検証し直さなければなりません。半ば脅されて高額なツボを買わされるより、自分で検証しながら、マイナスではなくプラスになるように考えて、自分に合った風水を見いだすのが一番良いのです。

強い、強固たる平和や強さを醸《かも》し出す風水は必ず存在します。風水の肝《きも》は、シンクロニシティの分析である易の運用の問題でもあります。伝統的な筮竹《ぜいちく》だけを頼るのではなく、易をシンクロニシティの呼び込みの道具として使うのが良いのです。数秘術的な数字のシンクロニシティも、東洋も西洋も共通しているものは非常に多くあります。それにプラスして、身体の相を正確に読むようにすれば、いろいろなものが見えてくるはずです。

「運を良くする」とは、1章で述べたように、先祖の因縁というマイナス面と、逆に何が生み付けられた良い面なのかを身体の相からよく知ることはもちろんですが、運を伸ばす環境を整えることも極めて重要なのです。それができるのが、易を使った風水です。

家をパッと見た段階で、何が問題で何を伸ばしたらいいかは、シンクロニシティ的な易の知識をもっていれば、透視能力や予知能力がなくとも、ある程度はわかるものです。とにかく易の知識を駆使して、自分の風水をぜひ見つけてください。そうすれば、あなたの自宅は自分にとっての癒やしのパワースポットになるはずです。

食べもので運気を向上させる

易から、食の性質を知る

易の原理は食べものにも働きます。まさにそのことを強く提唱した人物が、日本にマクロビオティックをつくった桜沢如一《ゆきかず》（一八九三〜一九六六）です。彼は食べものには陰と陽の性質があると主張、食べものを陰と陽の類型に分類しました。その分類にはいろいろと意見があるようですが、確かに桜沢がいうように、食べものに霊的な影響を与える力があるのは紛《まぎ》れもない事実です。

たとえば、健康に良いたんぱく源とされている魚は、易では「離《り》」に属する食べものです。その「離」のモノを食べすぎると、「火」のエネルギーが強くなりすぎてしまいます。火は風水的に見ると、「兌《だ》」のシンボルである金を溶かすものです。

そのため魚は、バランスを取るために、植物性のものと金属性のものと併せる必要が出てきます。そう考えると、風水的に魚料理はナイフとフォークで食べたり、白磁や金属の器に盛ったりしたほうがいいことになります。金属のお箸《はし》にする手もあるし、金属の鍋で煮て食べるのもいいでしょう。すると、魚がもつマイナスの面がなくなります。

逆に魚を焼くと、「火」のエネルギーはさらに強くなります。中国で、魚の蒸し料理が主流なのはそうした理由があるのではないでしょうか。焼き魚の焦げた部分を食べないほうがいいのは、風水的にも理に適《かな》っています。

また、火は「震《しん》（雷）」のシンボルである木も燃やしてしまいます。だから、震の食べものである野菜を食べて、バランスをとる必要が出てきます。

このように、食べものにはそれぞれどういう性質を帯びているかを見るのは、極めて重要なことです。食べものによって、どういうものがどういう性質を帯びているのか、よく吟味すべきなのです。

ただし、牛肉や豚肉は、干支で考えてはいけません。生きている動物の場合は、たとえば豚は猪だから北西すなわち「乾《けん》」のアイテムとなり、牛は北東の「艮《ごん》」のアイテムとなります。ですが食肉の場合は違います。肉は全体的な色から見て、「坤」から「兌《だ》」にかけての性質をもったアイテムとなります。とくに兌のアイテムとして扱われることが多く見られます。肉を金運と絡めて考えるのです。ですから金運を上げたければ、いつも適量食べることが望まれます。

これに対して野菜は、前述したように植物ですから「震《しん》」の性質をもつアイテムであるといえます。人間関係が広がる一方、野菜をとりすぎると、「震」の対極にある「兌《だ》」の金運が逃げてしまうこともあり得ます。

同じようなことは肉にもいえて、肉をとりすぎると、お金を優先させすぎて人間関係が悪くなり、人が寄りつかなくなる可能性が出てきます。

ということは、**お金と人間関係のバランスをとろうとしたら、野菜をたくさん敷いた上に肉がのっている料理が一番いいことになります。**肉を食べるときは、「震」の性質をもつ食べものを食べてバランスをとる必要があるのです。

お菓子など甘い食べものは、いろいろな見方があります。中国の古い風水でいえば、金運や人間関係を発展させるアイテムとなります。また、辛い甘いなどの味も五行相対となります。木は酸味、火は苦み、土は甘み、金は辛み、水は塩辛味です。木は「震《しん》」、火は「離《り》」、土は「坤《こん》」、金は「兌《だ》」、水は「坎《かん》」ですから、それぞれに気質を強めたければ、順番に酸味、苦み、甘み、辛み、塩辛味のものを食べれば良いことになります。

近年、栄養価の高さが見直されているナッツは、産地も関係してくるので注意が必要です。とくに輸入ナッツの場合は、カビが生えると強い毒素を生むので、ピーナッツなどは炒る、アーモンドなどは素焼きにするほうが無難です。易から見ても、種子類は強いエネルギーをもっているのです。

「米」に偏った食事に注意

米には「定住させる」という呪術があった

米も同様に強いエネルギーをもっているアイテムです。日本に限っても、どこの産地かによって異なる反応が出ます。**お米には霊的なものをきれいにするという力が強い**のです。しかし、きれいにしすぎてしまうという問題もあります。その結果、新しい霊的状況に体が慣れるのに体力と時間がかかるという現象が起こりやすくなります。

とにかくお米は、いったん霊的なモノをすべて洗い流してしまいます。だから日本人はいつも清新で、毎日必ず禊《みそぎ》をする民族なのであるともいえます。ただしそのことによって、**変化をゼロに戻してしまう体質になってしまいます**。つまりお米を食べることによって、文化を変えようとせず、そこに定住する体質になってしまうのです。

お米ができる土地に定住をさせた江戸時代の政策の名残がここにあるように思われます。お米は定住させるための呪術であったのではないでしょうか。

そう考えると、米だけを食べすぎる生活はよくないことがわかります。人間にとって美味しいと感じる炭水化物なのですが、最近は糖分の研究から、ごはんやパスタ、麺類がそのまま糖分になってしまう割合が高いので、とりすぎは良くないとされるようになってきました。ただし、それもまったく食べるなという話ではありません。あくまでも適度に食べる、美味しいからといって食べすぎない、というスタンスが良いということです。

さらにいえば、小麦のほうが米よりもより霊的に祓《はら》う力が強くあります。パンも食べすぎると、霊的に祓いすぎることになります。祓いすぎることによって、その人の霊的能力がリセットされて、弱くなるということもよくおこります。新しい霊的身体状況に体が慣れるまでに体力を消耗します。

お米やパンは、よほど活動的に動いたり、スポーツ選手のように激しい運動をしているような人以外は、ほどほどにするのが良いでしょう。多めに食べていると自覚している人は少し減らして、その分は少量でいいから、おかずの品数を増やす——これが理想的な食生活であると思われます。

食べものの色で開運する

八卦の八色の食材をちりばめる

風水的にバランスの良い食事をするのであれば、五色の食材を入れるべきです。つまり小鉢を増やす必要があります。できれば**多くの小鉢に、全部で八卦それぞれの八色の食材が盛られたものが好ましいのです。八色をバランスよくとりましょう。**

「坎《かん》」のアイテムの黒なら、黒豆、昆布、つくだ煮、イカ墨、海苔《のり》などが考えられます。

「艮《ごん》」の藍色の食べものの代表にナスがあります。ナスを漬物にすると、藍色《あいいろ》はより強くなります。藍色の食べものは少ないので、植物の色の濃いもので代用する場合もあります。紫蘇《しそ》なども藍色に近いといえます。

「震《しん》」のアイテムとしては、ほとんどの青物が当てはまります。緑色のはっきりした野菜は、とくに震の性質を強くもっています。

「巽《そん》」の色である紫には、蔓《つる》ものが当てはまります。細長く広がるものが巽のアイテムだからです。だからパスタやそばもこれに該当します。キノコも細長く伸びて広がりますから、巽を強める食材です。キノコ類はカロリーなどほとんどありませんから、その希薄さも風に通じます。

「離《り》」の食材は、鱗《うろこ》のある魚です。焼き魚にすると離の性質はかなり強まります。赤い火を使った焼き物、火を激しく通したものは基本的に離の食事といえるでしょう。「坤《こん》」の性質のある肉も、焼き肉にすると離の性質が加わります。

「坤」のオレンジ色に該当するのは、何といっても大地から収穫したカボチャです。地下茎では人参も坤の食材です。ジャガイモも坤の性質を強くもっています。

「兌《だ》」は白いものですから、やはり大根や蕪《かぶら》でしょう。ネギや白菜も、兌の性質ももっている食材といえます。バナナは三日月の形をしており、かつ黄色なので、かなり強い兌のアイテムです。

「乾《けん》」は、色でいうよりも柑橘類《かんきつるい》や種といった丸い形のものが該当します。易では基本的に色よりも形が優先されるので、オレンジでもミカンでも栗でも、種や実はすべて乾のアイテムとなります。桃はとくに乾の性質が強いといえます。桃や栗が呪術に使われるのはそのためです。

このほか、足りない色に関しては、器の色で補うこともできます。特定の色や形の絵を飾るなどすれば、バランスよく食事をとることができるのです。九つに区切った重箱にそれぞれの色を盛りつけるという方法もあります。

京料理のように小鉢に入れてたくさんの種類を食べるのは、風水的にも非常に理に適《かな》っているのです。混ぜたものを一皿だけ出すのは、できるならば避けたいところです。とにかく、いろんな種類のものを少しずつ食べることが大切なのです。

いまの自分の感情を勘案して、落ち込んで力が入らないときは、赤いモノを摂取するといいでしょう。焼き物やトマトがお勧めです。赤ピーマンや七味唐辛子も元気が出てきます。元気すぎる人は、黒昆布とか海藻類をとると、ほどほどになります。また、坎のアイテムである良質な水を飲ませれば落ち着くでしょう。

組み合わせで運のバランスを整える

基本的に形、数字、色の順で優先させる

豆腐は白だから「兌《だ》」の食べものです。ただし、元の大豆が豆で乾のアイテムなので、乾寄りの兌といえます。だから、豆腐は金運とも関係しているのです。牛乳も豆乳も白いので兌に属しています。チーズ・バターも、色から考えると基本的には兌のアイテムとなります。

卵は「乾《けん》」の食材です。色と形では形が優先されます。白色の卵で中身が黄色でも形が球形であることから、球が象徴する乾となるわけです。数字と色では、外側に出ていくものは数字が優先、内側に入ってくるものは色が優先される場合が多くあります。言い換えると、食べものは、例外はありますが、基本的に形が優先され、自分の外側でおこるシンクロニシティに関しては数字が優先されるということです。

優先度で見ると、形と数字は同じくらいです。形のほうがやや優先である場合もあります。いくつか具体的に挙げると、梅の実は赤や紫が混ざりますが、形が丸いので「乾」の食材です。ゴボウは分類が難しいですが、繊維質が多いので基本的に「巽《そん》」のアイテムと見るべきでしょう。植物で「震」でもあるから、「震《しん》」から「巽」にかけてのアイテムだと見ればいいので

す。

お酒は、陽の極みともいえる酒神バッカスと同じで「火（離）」のアイテムです。赤ワインなどはとくに「火」の力を強くもちます。火のアイテムの中でもビールの場合は、麦の色が黄金に近いことから、「兌」に近いお酒といえます。日本酒も同じでコメの色から兌に近い性質をもっています。だから、酒類は基本的に「離」から「兌」にかけての気をもつ飲みものだと思えばよいでしょう。お酒を多く飲むときは、海藻やナス、青物など「坎《かん》」から「震《しん》」にかけての食物を摂取してバランスをとるべきだと思います。

調味料でいえば、ソースは濃くて黒いので「坎《かん》」のアイテムです。醬油は「紫」（ただし、藍色に近いという意味で）というくらいですから、藍色の「艮《ごん》」のアイテムであると解釈できます。ワサビは「震《しん》」。風に乗るパウダー状の調味料、すなわち胡椒《こしょう》、塩などは「巽」のアイテムと見なすことができます。「離」は赤トウガラシ、「坤《こん》」では土の色に近い味噌《みそ》があります。「兌」はたくさんあり、黄色がかった酢やビネガー、オリーブ油、マヨネーズなどが挙げられます。軽い発酵物は「兌」のアイテムが多く見られます。発酵の最終段階のような濃いバルサミコ酢（イタリアの高級醸造酢。熟成期間が長く、黒味を帯びる）やソースが「坎」となります。「乾《けん》」は難しいですが、胡椒でも種粒状の細かいモノ、胡麻、枸杞《くこ》の実などが該当するのではないかと思います。

こうした調味料をうまく使うことによって、風水的な食のバランスをとることも可能となります。たとえば、「震」の生野菜には「兌」のマヨネーズをつけるのは、非常にバランスが良いわけです。「巽」のパスタに「乾」の卵も、バランスをとるという意味で非常に適《かな》っています。「艮」のナスに「坤」の味噌も合っていることがわかります。

このようにおいしいものにはバランスをとったものが多いのです。赤い肉やトマト（「離」）には濃い発酵物であるバルサミコ酢（「坎」）などが合うのもバランスが関係しているように思われます。そう考えると納豆は、豆であることから「乾」のアイテムですが、長く糸を引くことから「巽」ともいえ、納豆自体でうまくバランスをとっています。納豆が好まれるのも、そこに理由があるのかもしれません。

典型的なイギリスの朝食であるソーセージ（形から「兌」）、卵（「乾」）、ベーコン（「坤」から「兌」）、トマト（「離」）、豆（「乾」）などは「離」から「乾」にかけてのものがほとんどで、偏っています。バランスをとるために生野菜や繊維質のモノが欲しくなるのもうなずけます。背景には、「船乗り食」のように体を温める食べものが重宝されたから、このような形になったのではないかと思われます。

同様に魚は焼くよりも刺身で食べたほうが「離」が弱まります。

体験からいうと、八卦のバランスを考えながら多品種の食事をとると、食べすぎを防ぐことができます。少量でも多くの品種をとると、心のバランスもとれて、食欲は満たされてしまうものなのです。

アイテムで金運を高める

財布は金色やピンク、黄色より黒が良い

ここからは、開運法を目的別に解説していきましょう。

まずは金運です。金運は、実は簡単に操作できる運気です。というのも、金運は所詮《しょせん》、物の運にすぎないからです。物は物で引き寄せればいいのです。物の運気は物で寄ってきます。

逆にいうと、金運は物に大きく左右されます。どういう物をもっているか、身につけているか、どういう形の石をもっているか、どういう服を着て、どういう佇《たたず》まいか、どういう風水なのかに大きく影響されます。

本当に金運を高めてくれるパワースポットにある古い神社にいくと、そこにある狛犬とか、お稲荷さんの像が鼻から何までもぎとられています。実は賭博《とばく》をする人たちは、金運のパワースポットにある石などの物が本当に金運を呼び込むことを知っているから、石像を壊してその欠片《かけら》をもっていってしまうのです。

それは器物損壊であり、窃盗《せっとう》になりますから絶対にやってはいけませんが、金運の強い神社

の狛犬は多くの人々が触るのでツルツルになっています。東京・上野の花園稲荷神社や、古くは根津権現《ねづごんげん》と称された東京文京区の根津神社、秩父の三峯《みつみね》神社などがその例です。そういう神社のお札や縁起物をもつだけでも金運が上がります。

金運を引き寄せるグッズは、実際にもって実験してみればわかります。実際に効果があるから、口コミなどで広がって、大勢の人がご利益を求めて訪れるようになるわけです。神社にいかなくとも、巷でよくいわれているパワーストーンをもってみるだけでも金運は向上します。これについては次項で詳しく説明します。

金運グッズの最たる例はお財布です。お財布で最も伝統的な色が黒であることも、そこには長年の経験や伝統に裏づけられた呪術性があります。最近は金色がいいとか、ピンクがいいとか、黄色がいいとかいわれるようになりましたが、もしその色が金運向上につながるのであれば、とっくの昔に財布の色はピンクが主流になっていたはずです。それが黒であるということは、**黒には金運を向上させる力がある**ことが経験的にわかっているからです。

和財布も昔から黒が主流ですし、西洋でも黒革の財布がメインで、わざわざ黒に染める人もいます。私も、財布からバッグまですべて黒にしています。試してみてわかったことは、やはり金運を上げるには黒が一番いいということです。

なぜ黒がいいかというと、それが最高の吸収色だからです。入った光を外に出さないのが黒です。外に逃がさないというイメージがあります。それだけの吸収する力の強いグッズをもっていれば、自然とお金も集まってくるという呪術があるわけです。

次に金運にいいのは、金色です。あるいは明度の高い白。どちらも金運に関係する「兌《だ》」の色でもあります。「兌」から「坎《かん》」にかけての色、すなわち金銀などの金属色、灰色、黒がお勧めです。形は、三日月形、丸、凹など欠け込んだ形のグッズ、またはキラキラした水晶を身につけるのも金運を高めます。そうしたグッズの色のコーディネイトはファッションですから、自分で金運の色を使い分けて着こなしたり、身につけたりするといいでしょう。

中国では昔、「璧《へき》」という丸い穴のあいた円盤状の玉器を、首から掛ける装身具や祭具として使っていました。翡翠《ひすい》に丸い穴をあけて紐を通してぶら下げる装身具もあります。それらを「兌」を表す肺の前にぶら下げたわけです。それによって、邪気を祓って金銀財宝を受け入れる呪術を使っていたとされています。

日本でも縄文時代から、穴をあけた翡翠を装身具にしていたことがわかっています。

逆に**お金が出ていってしまう色は「坤《こん》」の茶色や「巽《そん》」の紫です。**茶色はずぼらになって金運が逃げてゆきます。一番逃げていってしまうのは紫色で、お金はそれこそ羽が生えて自由に飛んでいってしまいます。ただし**何か使わなければならないときや、気持ちよく使いたいときには茶色や紫色は良い色です。**バーゲンにいくときや、旅行にいくときは、紫や茶色でもいいのではないかと思います。

「離《り》」の色である赤も、感情的になるので、お金は出ていきやすくなります。ただし赤には強いこだわりを燃やす力があります。怨念や邪気を祓いたいときに使う色であるということを覚えておくといいでしょう。

そのため、外側が黒で、内側が茶色とか赤というお財布もあります。正装にも外側が黒で内側が赤という色の組み合わせがあります。これは、外側は吸収色にしてお金などを呼び込む一方、入ってきた邪気を赤で燃やして良いモノだけ取り込むフィルターの役割をしていると考えられます。日本の紅白幕にもそのような呪術性があります。十二単《じゅうにひとえ》も霊的フィルターと同じで、邪気を祓いながら、金運などの運気を吸収しようと考えたのだと見てとれます。

貴金属や宝石で運気を高める

晴れの舞台にダイヤモンド、祈るときは水晶…

銀の指輪も金運グッズです。若くして贅沢三昧《ぜいたくざんまい》な暮らしを送っている新宿のホストにも、銀の指輪をしている人が多く見られます。私も自分で設計して特注した銀の指輪をよく身につけます。エメラルドも入れて、あらゆる神秘図形を刻んで、裏側には星を五つ重ねたデザインを施した指輪です。採寸も大変なので、かんざし職人につくってもらっています。

西洋ではメダイ（キリスト教徒のメダル）が金運グッズとして有名です。蛇を踏みつけて地球儀の上に女神が乗っていて、手からオーラを出すというようなデザインが好まれています。この構図の中に、金運のアイテムがちりばめられています。聖母マリアの上に三日月が描かれていれば、それは完全に金運グッズです。

プラチナや金の結婚指輪は「変わらない」ことが強調される不変性の呪力をもっています。ただしプラチナや金は、本当は柔らかい金属なので、摩耗《まもう》しやすいという欠点があります。

本当に不変性を求めるなら、硬いダイヤモンドが最適です。しかし、これにも条件があって、運気学的には「いまが最高になる」という意味になりますから、晴れの舞台とか本当に調子のいい絶頂期にしかつけないことをお勧めします。

晴れの舞台でないにもかかわらず、ダイヤを身につけすぎると、運を落とします。なぜなら、「その時が最高」となってしまい、「最高」がドンドン下がっていくからです。

水晶は、クリスタルの代表格ですから、祈りを増幅させる力があります。潜在意識の力を引き出しやすくします。願いを叶える力が強くなるわけですが、問題は水晶のパワーをコントロールするのが難しいことです。ポジティブな良い願いをもっているときにもたないと、大変なことになります。たとえば、心のどこかで「私はダメだ。私などいなくなればいい」と思ったりしていると、本当にそうなってしまいます。

ですから、水晶はポジティブで良い願いを祈るときのための道具だと思ったほうがいいでしょう。占い師が占いの能力を高めるために水晶玉をおでこに当てて未来を占ったりしたのが本来の水晶の使い方です。水晶は磨けば磨くほどその力を発揮します。

また一言で水晶といっても、水晶は世界で一番種類が多い鉱物とされています。水晶は岩にくっついて土筆《つくし》のように生えます。そのときに母岩にある成分を吸収して成長します。だから、水晶には千差万別の成分が含まれていて、その効力も様々です。

針状の細い管がたくさん入っているルチルクォーツのようなものがあるかと思えば、マンガンを吸い上げてピンク色になったローズクォーツもあります。世界には全山ローズクォーツというような山もあるし、チベットにいくと、赤い水晶を中に含んだ透明な水晶で「赤ファントム水晶」というタイプもあります。

それぞれに味わいがありますが、つねに身につけておくというよりも、祈りをするときや、イメージをするときにもつようにすると良いでしょう。願望を実現させるための祈りをするときに、水晶に触れながら祈ると願いが叶いやすくなります。

自分がいまおこなっていることを継続させたいときに効力を発揮するのは、エメラルドです。特段、高価なエメラルドをもつ必要はありません。

水晶が細い繊維状になって固まって、そこにいろいろな成分がしみ込んでできたのがメノウです。

勾玉《まがたま》に使われている**翡翠《ひすい》は、運気を呼び込むグッズとしては最高峰に位置します。**とくに人間関係の引き寄せに関していえば、シンクロニシティ的出会いをタイミングよく起こす力をもっています。翡翠は縄文時代から装身具として使われていましたから、古代の人々はそのことをよく知っていたと思います。勾玉は古代人の知恵の結晶でもあるわけです。

異性運を高めるためのグッズ

金の装飾品のほか、適度な飲酒も良い

金運と異性運、つまり愛情運は連動しています。愛情に恵まれるけれどお金がないというケースはあまりありません。お金に恵まれれば、愛情にも恵まれます。愛され運と金運は、まったく同じ作用で向上します。ですから、翡翠を身につけ、水晶を前にして祈ればいいことになります。

自分の気に入った貴金属をつねに身につけているのもいいでしょう。**部屋の西側にお皿を置いて、そこに一円、五円、十円を金銀銅だと思って積んで置くだけでも金運・愛情運は上がります。**

どうして愛情運と金運が連動するかというと、それは愛情運も「兌」の運気と関係が深いか

らです。パワーのある異性に愛されるということは、正確にいうと「兌」と対極にある「震」のバランスに関わっています。

とりあえず「兌」を強めることによって、人とのコミュニケーションが始まり人間運が高まっていくのです。日本はもともと、森が多く、人もひしめき合っているので「震」のエネルギーが強く、あえて「震」のエネルギーを強める必要がないともいえます。言い換えると「震」の力に負けないように「兌」の力を強めなければならないのです。

古代中国の人たちも同じように考えました。だから金（ゴールド）を好んで使います。四神《しじん》相応《そうおう》で知られる白虎《びゃっこ》に見られるように、「兌《だ》」のシンボルである虎を好んで部屋に置きます。タイガーバームのような白い軟膏をやたら使うのも「兌」のアイテムだからです。

また、異性運を高めようと思ったら、言霊《ことだま》も大事です。グッズだけでなく言霊を知ることも重要になってきます。

異性運のいい人は、人と違う褒《ほ》め言葉をたくさんもっている人でもあります。陳腐《ちんぷ》な言葉を使いません。心に響くような言葉を使うのがもてる人です。褒め言葉の語彙力《ごいりょく》をどれだけ上げるかも、決め手となるように思います。もてたいと思ったら、面白い言葉をいろいろ用意しておくことです。

「兌」の能力を高めるという意味では、男性も唇をリップスティックで潤わせておくといいでしょう。乾燥する時期には、リップスティックを塗るだけでも金運や愛情運が高まります。

「色男、金と力はなかりけり」という諺《ことわざ》がありますが、女性に好かれるような色男は、お金も権力もなく腕っぷしも弱いというのは、負け惜しみに聞こえます。太宰治《だざいおさむ》が自分自身を投影させたとされる『人間失格』の主人公を表現する際によく使われますが、現実には、太宰治は印税でお金をたくさん儲けています。

お酒を飲む人も、実は金運が良くなります。口が潤うからです。ただし「飲みすぎなければ」の話です。酒に飲まれると、欲望の渦に巻かれて、逆にお金を失います。少しだけ飲むのが良いのです。**お酒は愛情運も良くします。**酒はサンズイに酉《とり》と書きますが、酉はまさに「兌《だ》」のシンボルです。結婚式などで三日月形の金杯にお酒を注いで少しだけ飲むことは、まさに金運と愛情運を高める呪術なのです。

一方、ワインを長首のワイングラスで飲む呪術もあります。ワインは陽気の極致ともいえる酒の神バッカスのシンボルですから「離」のアイテムで、長首のグラスは「坎《かん》」のアイテムです。とくに赤いワインは西洋文明では「キリストの血の結晶」とされていますから「離《り》」の性質を強くもちます。

ですから、ワインは飲みすぎると、感情的になります。そこで「坎（水）」の形を表す長首のグラスで飲むことによって「離（火）」を抑えるのです。

植物の中で「離」の性質をもつものはブドウとザクロです。花でいうと薔薇《ばら》も「離」のアイテムです。それが、「愛情の花は薔薇」とか「情熱の赤い薔薇」などとされる理由です。相手を感情的にする道具なのです。

愛情にかかわる植物は、ブドウ、リンゴ、モモ、スモモ、イチゴです。これらは、愛情神話の中によく登場します。すべて相手を感情的にするという意味合いが強い果実です。ただし食べすぎてはいけません。**何かのときに少しだけ、好きな人と食べるものです。**

食べすぎると結局、感情を貪《むさぼ》ります。際限がなくなります。ショートケーキはイチゴが一つだけのっているのが、ちょうど良いのかもしれません。

健康運を高めるグッズ

緑の色のもの、植物を身近に置こう

体の調子が悪くて医者に診察してもらっても、原因がわからずに何か不調を感じるというときがあります。それは、健康状態には、やはり運の良し悪しの要素が関わってくるからです。その健康運に関係するのは、易では「震《しん》（雷）」です。健康運を強めるには、「震」のアイテムが欠かせません。

たとえば、**緑色のものを見るだけでも効果があります。植物を植えるのもいいでしょう。**西

洋文化で始まったクリスマス・ツリーを飾る行事も、家で家族の無病息災を祈ったのが起源のように思われます。日本では神気が宿る木をヒモロギと呼びました。

どうして健康と「震」が関係あるかというと、「震」は枝分かれしてゆく樹木、細胞が分裂してゆく力そのものを表しているからです。まさに生命力の木が「震」のシンボルです。生命力があれば、たいていの病気は跳ねのけられます。

人間関係の中で生きる気力が「震」の性質であるともいえます。その性質を強めたかったら、青い野菜をしっかりと食べることです。

人前に出ていくことも極めて重要です。体調が悪いときは休むことも必要ですが、元気になろうと思ったら、なるべく電話でもいいから人と会話することです。とくにコロナ禍《か》の中では、携帯電話やネットを活用して最低でも一日に三人と会話するように努めることです。私は、一日最低でも五人と会話するようにしています。それが健康法になります。若返り法でもあります。いつまでも若いままでいたかったら、人と生の声で話をすることです。

ネットも枝分かれしているので「震」のアイテムといえます。ですから、ネットを活用することによって、過度に依存さえしなければ健康運は上がります。適度なネットサーフィンは、脳を活性化させます。

ステレオやオーディオプレイヤーで音楽を聴くのもいいでしょう。電気製品に関係するものは、「震」のシンボルである「雷」と呼応します。音の響き自体も「震」のアイテムです。

グッズで能力・才能を高める
深く掘り下げ極める力を生む「黒」

能力や才能を高めようとしたら「坎《かん》」のグッズをもつことです。「坎」は、何かを深く掘り下げる力である集中力を意味します。心の奥底から潜在能力を発掘する力でもあります。言い換えると、「達人力」であり「オタクの能力」でもあります。その力をきちっと使えるようにするのが、「坎」のアイテムです。

すでに述べたように黒いモノは効果があります。**食べものでは黒胡麻、海苔などの黒色のモノが能力を活性化させます。黒い椅子や黒い鞄もいいでしょう。**勉強に集中したいときも、黒いモノを周りに置くといいでしょう。学生服に黒が多いのも、そこに理由があります。

非常に奥深い哲学を勉強する宗教家たちは、多くの場合、黒い服を着ています。僧侶や神父が黒を着るのは、宗教的哲学を極めたいという思いの表れです。

将来をしっかりと地に足の着いたものにしようとするならば、靴を黒にすることです。勉強する立場にある人は、黒靴下に黒い靴が基本です。パーティーなどで白い靴下で白い靴を履いている人を見かけますが、日常、そうした格好をしていて大成している人は見たことがありません。

逆に才能を閉ざしかねない形やシンボルもあります。**ファッションでいえば、縞模様は良くありません。**世界の囚人服はほとんどがこの縞模様です。その人の発展を抑える力があるように思われます。このことは、ミシェル・パストゥローが書いた『悪魔の布』（白水社／一九九三）にくわしく書かれています。興味のある方は参考にされると良いでしょう。

水玉は孤独になります。海部《かいふ》俊樹《としき》元首相は水玉模様のネクタイをトレードマークにしていましたが、一番孤独な宰相だともいわれました。リーダーがリーダーシップのシンボルである玉の模様をペタペタつけたことが孤立を深めたのだと思います。「乾《けん》」の力が強くなりすぎると、そうしたことが起こりやすくなります。

しかし、水玉模様の服を着て成功した人もいます。その唯一ともいえる成功者が、芸術家の草間《くさま》彌生《やよい》さん（一九二九〜）です。彼女からは晴れやかさと孤独を感じます。でも、そこまで極めると、作品に反応する人も増えてきます。孤独が生み出すパワーに心を惹《ひ》かれる人も出てきます。

このように、金運、愛情運、人間運、健康運などを強めるアイテムはたくさんあります。あとは過度にならないようにバランスをとって、総合的に運気を上げてゆくことです。そのバランスの匙《さじ》加減《かげん》こそ、私たちがこの人生で探求してゆかねばならないオカルトの技術なのです。

4章 人生を変え、成功に導く「スピリチュアル」思考法

ビジネス能力開発の極意

古来、三種の方法がある

精神世界でいろいろな方々の相談を受けたりすると、どうしたら精神世界の諸法則でお金を得ることができるのか、経済的に豊かになれるのか、といったストレートな質問によく出合います。

精神世界とお金の関係が論じられるようになって久しいと感じます。四〇年近く前のバブルの始まりのころから、とくにそうした関心が強まってきました。

しかし、それ以前の精神世界では、お金の話はどちらかというと忌《い》み嫌われる傾向にありました。そこには、精神世界や能力開発のノウハウを、金運やビジネスを楽しくすることに利用するのは邪道と考えたり、迷信を助長するという見方もありました。

しかし、それは根本的な間違いです。ビジネスの歴史を遡《さかのぼ》ると、むしろオカルトのノウハウこそが、ビジネスの中で研究され、利用されてきたということがわかるのです。

多くの人たちが、健全に富を得たい、楽しく豊かになりたいと思って、そのために精神世界のノウハウを使えないかと模索してきたのです。戦前から戦後にかけての日本の近代においても、精神世界にある、運命を変える能力開発法を分析してきました。その能力開発法には、大きく分けて三種類あります。

一つ目は、これまでお話ししてきたように、幸運を引き寄せるためのチャーム（お守り・魔除け）を身につけたり、そばに置いたりすることです。チャームは「魅力」という意味があり、「魅」は、字源的には、呪術的な力をもっていることを指します。そのチャームを身近に置くことによって運気を変えるのです。運を良くする生活道具とか、身近に置くと運を好転させるモニュメントとは何かを研究して得た結果なのです。

チャームと呼ばれることが多いですが、タリスマンなどと呼ばれることもあります。しかも、タリスマンなどは呪術性が高いものを指す場合が多く、「呪物」などと訳されます。

非常に運の良い人に由来するものをチャームとする場合もあります。また、「キリストの聖骸《せいがい》布《ふ》」のように神聖な能力をもった人に由来するものも、一種のタリスマンとして使われてきました。

ほかにも特定の時代や特定の場所に関わっているモノを身近に置きたがる人もいます。パワースポットにあった宝石や化石なども重宝される場合もよく見られ、ストーンヘンジと同じ岩質の石は人気があります。

そもそもクリスタルなどの宝石や金、銀などの金属が産出する場所は、基本的にはパワースポットなのです。言い換えると、自然界の中のパワースポットは、昔から珍重された何かパワーのある鉱物が産出する場所でもありました。そうした場所はだいたいにおいて、断層沿いにあり、マグマの活動が古くからあって、地中深くの鉱石が露出している場所がパワースポットである場合が多いのです。地中深くで、マグマがゆっくりと何億年もかけて固まったものの中で、結晶体は大きく進化します。それはまさしく生き物のように成長する結晶体です。そうしたモノの中には、貴重なパワーが宿っています。

このようにチャームには、モノ由来、人由来、歴史由来、場所由来のモノがあります。そのモノを得たり、モノにかかわったりすることが、その人の運気を上げるのです。各界の成功者たち、歴史上の成功者たちは、必ずこうしたモノを大切に秘めて活用していました。

もう一つは、いまある自分の肉体を含めて、自分を中心にして周りでおこる様々な事象の様子や現象のおこり方を観察することによって、運気を変える方法です。つまり現象のシンクロニシティを観察することによって、まず自分の運気を把握して、その運気がいいときに行動をおこす方法です。運気が良いと思われるシンクロニシティがおきているときに、活動したり行動を起こしたりします。

たとえば、特定の時間に月を見るとか、何か儀式めいたことをすることによって、運気が上がりやすくなります。多くの場合、儀式や祈りは、易占いの中でタイミングを計っておこなわれます。易はその意味で、シンクロニシティを計る装置になるわけです。

手相などの相術《そうじゅつ》を使うこともあります。

手相といっても、手の皺《しわ》はなかなか変わらないといわれていますが、意外と細かい皺は短期間で変わることがあるのです。それは手相が、周りの環境と自分の心の状態の関係に呼応しながら変わっていくものだからです。易と同様に、自分のいまの状態を的確に教えてくれるのが手相の面白さです。

私も「事故に遭って手相が変わった」という人に何度か会ったことがあります。「親の逝去《せいきょ》で手相が変わった」という人にも会ったことがあります。ただ皺の部分よりも、一般にはあまり知られていませんが、本当の手相見の人は、手に現れてくる血色や気色《きしょく》を見て、運命を見ます。

手相の気色を見ることができるプロフェッショナルな人の中には、「あなたは二か月後に海外旅行、しかもアメリカにいかれますね」とか「あなたはこれから相続でお姉さんと話し合わなければならなくなりますね」などということを当てる人もいます。彼らは手相の気色を見るだけで、まるで水晶玉を見て霊的な映像を眺めるように、その人の運命を言い当てるのです。

自分で手相を見ることは簡単にできます。1章で紹介した方法を参考にして、手相で自分の状態を把握したうえで、自分の性質の何が足りなくて、何が多すぎるかを確かめてみてください。

このように偶然現れてくる易の卦や相を観察し続け、良い相や卦のときにビジネスをする、事業をおこす、投資をするのです。それが二番目の方法です。

神秘主義の流れをくむ成功哲学

三つ目のビジネス能力開発の極意

三番目の運気向上法は、この章の主要テーマである、自分の思い、想念や意識をどのようにコントロールするかによって、運命を切り開いたり能力を開発したりすることです。

一八世紀にスウェーデンの科学者であり思想家でもあったエマニュエル・スウェーデンボルグ（一六八八〜一七七二）が神秘主義を実践者と学者のあいだで広げて、一九世紀に「天は自ら助くる者を助く」という格言で有名な英国の医師サミュエル・スマイルズ（一八一二〜一九〇四年）が『自助論』を唱えて以降、「積極的に考えることによって霊性が進化する」という考えが広まりました。

それらはアメリカで、キリスト教を独自に解釈しなおすニューソートと呼ばれる哲学に引き継がれて、クリスチャン・サイエンスの元司祭ジョセフ・マーフィー（一八九八〜一九八一年）らによって「成功哲学」として日本にももたらされました。その中には「眠りながら成功する」というのもありました。ポジティブな心構えで運が良くなると彼らは主張したのです。目標意識をはっきりともったほうが成功するという考えもありました。

一方、目標などもたずに、過去の自分の囚《とら》われや、マイナスの意識をなくせば、勝手に成功していくのだという成功哲学も現れました。目標意識をもってはダメだという人もいます。

もっと単純に、合理的なビジネス・スキルとして、時間管理の良い習慣や行動計画を立てる習慣をもったり、メモの書き方を工夫したり、考え方を分けたり整理したり数値化したりすることによって、脳が活性化し、能力が発揮しやすくなり、運命が改善し、ビジネスで利益を上げることができるというものもあります。少なくとも、有能であると人から評価されることができると喧伝《けんでん》されました。

最近の成功哲学では、人にどう見せるかというセルフ・プロデュース的なことを盛んに論ずる向きもあります。

秘められ、隠されたオカルト成功法

成功のための呪術はもともと存在した

このように、運気を向上させる方法は、大きく分けると、この三つのカテゴリーに分けられると思います。幸運を呼び込むグッズをもつ、占いなどで絶好のタイミングをつかむ、意識をプラスに変える——の三つです。

ただ、そもそもこの三つはバラバラではなくて、歴史を遡れば遡るほど混在して様々な形で、運を良くするための、安心するための、そして富を得るための呪術として強く結びついて考えられていました。

当然のことながら、歴代の成功者や富者、大富豪と呼ばれるような人たちの行動習慣を見ると、こうした呪術を自然に、あるいはいろいろな人間関係の中で学ぶなどして、身につけていったと思われます。中には親がそういう習慣をもっていたために、子供もそういう習慣をもって成功したケースもあるでしょう。成功者に便乗することによって、習慣をとり入れることに成功した人もいると思います。

面白いことに、大成功者と呼ばれる人の記述をいろいろ調べてみると、ほとんどの人たちが、やはりスピリチュアルな、オカルティックな呪術とかかわっていたことがわかるのです。そういう呪術の中に、成功の秘訣・コツが秘められていることが、本当に多いのです。

同時にその成功者たちは、後続の人たちにそれがわかってしまうのを恐れて、非常に表面的な成功哲学は教えても、呪術的な側面を語ろうとはしないという傾向もありました。成功を簡単にモノにするための神髄、「コツ」については、彼らは秘密にしており、自分が愛していたり、かわいがっていたりした一部の人にしか伝えてこなかったように思われます。だから「秘められたオカルト」になってしまったわけです。

しかしながら、様々な文献を調べていくと、日本の修験道《しゆげんどう》や古神道、中国の道術、中東やヨーロッパの魔術といわれているようなものの中にも、成功のための技術や呪術が伝わっていま す。最近インドで、医者から大枚をだまし取った詐欺師の話が報道されましたが、それを読むと、何と被害者は魔法のランプを買ったが、魔人が出てこなかったという詐欺事件でした。おそらく魔人が出てくるようなトリックを何度も見せて、高額なランプを買わせたのでしょう。ウソのような本当の話です。

まだそうした呪術や魔術が存在していると信じている人たちがいるということを象徴する事件でもあります。医者になったくらいですから、学歴もある人なのでしょう。ではどうして、それを信じるかというと、どこかに皆、呪術や魔術が存在することを感じているからにほかならないのです。

こすれば魔人が出てくるというのは迷信ですが、実はランプの灯は私たちに内在する潜在意識の力を象徴しています。

潜在意識の力は光や灯にたとえられるのです。日本の神話でも、天照大御神《あまてらすおおみかみ》のように太陽の光のパワーを宿した神が象徴的に描かれており、それと同じような光が私たちの体の中にあることが示唆されています。だから、太陽を「日《ひ》」といい、私たちの体の中にある〝魂〟を表す「霊」も「ひ」と読ますのです。「ひ」はまさしく光り輝くモノ、熱を帯びるモノ、エネルギーとして私たちに恩恵をもたらすモノ、私たちを照らすモノなのです。

そういう意味では、ランプの灯は詐欺事件によって消え去るものでもないことがわかります。つねに語り継がれるべき、呪術性を秘めている象徴として存在しているのです。

ちなみに、ランプの魔人は中東では「シン」と呼ばれます。「シン」といえば、日本では「神」のことです。「心」も「しん」と読みます。そのことからわかるように、「しん」という言葉は、私たちの中にある深層意識、潜在意識のことを表しているのです。

成功したビジネス経営者の真実

科学的経営とオカルト的習慣は両立する

公にはほとんど話されていませんが、実はビジネス成功者の多数がオカルト的な経験をして成功しています。成功者はそのことを人にはいいません。ただし、その成功者の自叙伝や記録資料を詳しく調べると、必ずオカルト的な経験が見つかります。

世界的な富豪であるアンドリュー・カーネギー（一八三五〜一九一九）は、夢の中に出てきた人物に父親の姿を見て、目の前の問題を解決したといわれています。世界一のテレビ説教師と呼ばれたビリー・グラハム（一九一八〜二〇一八）は、啓示によりゴルフ場の一八番グリーンに呼ばれて、福音伝道師になったとされています。アメリカの発明家エリアス・ハウ（一八一九〜一八六七年）も、夢の中に出てきた未開人の槍に穴が開いているのを見て、ミシンを実用化させたことが知られています。

何か厳しい修行をして啓示を受けたりするのではなく、それは突然おこります。古代ギリシャの数学者・物理学者アルキメデス（紀元前二八七〜前二一二）が入浴中に突然「アルキメデスの原理」が浮かんだように、ポカンとして無になった瞬間に、何か閃《ひらめ》きとか重要な情報が降りてきたりするのです。ゆくべき道やそのイメージが降りてくることもあります。ビジネス成功者はもちろん、データや経営学の知識を駆使して会社を経営するのですが、同時にそうした突然降ってくる情報を極めて大事にします。

私もこれまで多くの成功した経営者に会ってきました。アドバイスをしたこともあります。そしてわかったのが、そうした**ビジネス成功者の家には必ず祈ったり瞑想《めいそう》したりする場所があるということです。**特定の宗教を信仰している人もいますが、**基本的には自分だけの祈りの場をもっています。**その場所にはほかの人を立ち入らせなかったりします。

同時にそこには、やはり**水晶や翡翠といった鉱物やシンボルが刻まれたグッズが置かれていました。**彼らはそうしたグッズが幸運を呼び込むことを経験から知っているのです。

そうしたことは、本人が亡くなった後になって家族も初めて知った、というようなケースが多々ありました。

ここが重要なポイントです。**祈りの場を人に見せてはいけないのです。**人に大事にしている貴重な物を見られることを、骨董《こっとう》の世界では「目垢《めあか》がつく」といいます。目垢がつくと、いろいろな垢《あか》のような不要な霊的情報が付着してしまうのです。誰の目垢もつかないような空間をもつということは非常に重要なことなのです。

また、成功した経営者は、**汚れた場所をその場ですぐにきれいにする習慣をもっていました。**よく「トイレ掃除をすると金運が上がる」といいますが、金運上昇を目当てにトイレ掃除をしても実は金運は上がりません。汚れたらきれいにするということを当たり前のようにおこなう習慣をもつということが大事なのです。そうした習慣をもつことができたら、金運が落ちることはありません。

流しの排水溝が汚れたらすぐにきれいにする習慣がついている人は、ビジネスでも成功します。別にゴシゴシ洗う必要はありません。小さい汚れでも気づいたらすぐにきれいにするという作業が淡々と当たり前のようにできる人が成功者になるのです。

ほかにもいくらでもきれいにする場所はあります。洗面所の鏡とか、本棚の埃《ほこり》とか、床のゴミ、靴の汚れなど気づいたらすぐにきれいにするという習慣があなたの金運を強くするのです。家に帰ったらすぐによれた革のベルトにクリームを塗るとか、普段よく使っている鞄を逆さにして埃を出すようにするとか、金運を安定させる方法はたくさんあります。鞄の中につもる埃に貧乏神が住んでいるというのは、比喩《ひゆ》的には本当の話です。

政財界も頼るスピリチュアル的アドバイス

オカルトを大切にした超有名人たち

気づいたらすぐにきれいにするということを習慣にして、体が自然に動くようになれば、必ず仕事でも成功します。

ただし例外的な場所もあって、成功者でも仕事部屋は資料が散らかっている人が多く見られます。本棚に本がきれいに並んでいても、仕事部屋だけは山のように本が積まれているなど乱雑になっています。

私も本は四万冊以上もっていて、昔はその本の山が崩れてきて遭難しそうになったこともありました。いま、それらの本は倉庫に預けています。

しかし成功した人の読書量は私の比ではありません。とにかく本を読むということは成功の秘訣でもあります。本を読んで、絵を描いて、詩を書くようになれば、かなりの成功者です。ウルトラ成功者は、本もたくさん読むし、詩も書けるし、絵も描けるし、作曲もできます。本当に多芸です。

和歌や俳句を詠むことも、成功運を上げます。ただし、どれもこだわりすぎてはいけません。

茶道にはまって高額な道具を買い漁るようになってしまった人もいますが、度を越すと金運も離れていきます。私の見る限り、どれも適度にたしなむという人が成功者になる場合が多いようです。おそらくそれは、好奇心が運気を引き寄せる原動力になっているからではないかと思われます。

成功哲学の法則の中でよく論じられる一三の成功の条件を提示したナポレオン・ヒル（一八八三〜一九七〇）は晩年、彼が天使と呼んだ一二人の歴史上の人格からメッセージを受けて、いろいろな人を指南していたことを明らかにしました。

非常に多くのビジネス成功者たちが霊的ビジョンや啓示を受けていたことがわかります。彼らは精神世界と親しむことによって成功の端緒《たんしょ》をつかんでいった人たちなのです。

日本でも、松下幸之助が様々な霊能者からアドバイスを受けていたことは有名な話です。本田宗一郎は晩年、私もかかわったのですが、UFOを建造しようとしていました。ソニーの盛田昭夫や井深大《いぶかまさる》は、会社の中に「エスパー研究所」を設立したくらいです。盛田氏はまた、西野流呼吸法の実践者でもあり、「気で人を飛ばす」という気の力に理解がありました。井深氏も世界中の霊能者のところを訪ね歩いていています。

京セラの稲盛和夫氏も超能力に非常に興味をもっており、熱心に研究していました。

歴代有名な政治家や芸能人も、数えきれないほど精神世界にかかわっていました。岸信介以降、多くの政治家が相談に来た藤田小女姫《こととめ》（一九三八〜一九九四）は、霊能者であったとされています。易を一つの精神的哲学ととらえて多くの政財界人をアドバイスした安岡正篤《やすおかまさひろ》（一八九八〜一九八三）という人もいました。彼は一時、自民党の指南役とも呼ばれていました。

いつの時代も多くの人たちが、精神世界的なノウハウを求めて、それに関わり、スピリチュアル的なアドバイスを受けることによって、導かれていたという事実は歴然としてあるのです。

数字で人間関係をコントロールする

偶数と奇数の呪術的な効果を使う

俳句や和歌について触れましたが、ここで五七五の数字の呪力について紹介しておきましょう。「五七五七七」や、日本の伝統的慣習についてまわる数字「七五三」には非常に深い意味があります。重要なポイントは奇数が変化数だということです。偶数は安定する数字です。言い換えると、奇数が変化を促す力をもち、偶数が安定させる力をもつということなのです。

ですから、いまある運気が良くて安定させようと思ったら偶数を使います。これからもっと向上したいという人は奇数を積極的に使う必要があります。

人間関係がなあなあになっているときには、お饅頭《まんじゅう》でも何でもいいのですが、**奇数の贈り物をもっていくと良いでしょう。それによって人間関係は変化します。**とくに何事も形骸《けいがい》化する傾向が強い日本において奇数が尊ばれたのは、よくわかります。

ただし、運命学においては奇数、偶数の使い方は注意が必要です。いまの状態が良くて安定させたいときに奇数を使うと安定が崩れ、逆に状態が悪いときに偶数を使うと、悪い状態が続いてしまうようなことが起こるからです。これも実験で確認できます。

良い状態を安定させたいならば偶数、とにかく変化させたくて勝負をするときは奇数。奇数でもとくに七は強力です。七を使うと大きく変わります。ただし前述した通り、車に乗っているときに7777などのナンバーの車が引き寄せられてくるときは、追突、衝突など交通事故に気をつけなければいけません。七は大当りとか激突、目上からの注意の予兆的数字なのです。

数にかかわらず食べものを贈ることは運気を悪くしません。誰かから食べものをもらって、その食べものを食べた人は、贈ってくれた人に生霊《いきりょう》や恨みの念を飛ばしづらくなるからです。日本に昔からある呪術なのです。だから婚姻の席で、新郎家と新婦家がお互いに食べものを贈ったり食べものでもてなしたりするわけです。また本家の人が、お正月に分家の人たちを実家に招いて食べものをふるまったりするのも、同じです。食べものをふるまうことで悪口を封印するのです。

私も郵便局で貯金保険の外務をやっていたときに、ポケットに飴玉をたくさん仕込んでおきました。訪問先で子供に飴玉をあげると、後で母親に良い評判をもらったことがありました。すると、スムーズに契約がとれたりしたものです。

西洋神秘術に基づく時間術

時間は三つの要素の配分が大事

話を元に戻しましょう。先人たちのビジネス成功の知恵を参考にしながら、彼らが実践したと思われる幸運体質に変わるスピリチュアル思考法を探ってゆきましょう。

人間の肉体には限度や限界があります。それだけに時間管理も重要な要素だということです。それは喜ぶための時間管理でもあります。限界や限度を超えてまで、仕事をする必要はありません。

もともと、ヨーロッパの古典的な哲学では、一日二四時間を三分割して、八時間は他人のために、八時間は自分のため、残りの八時間は休息のために使うという考え方が古くからありました。八時間労働もそこからきています。

この考え方はすごく重要で、一日の配分を休息、他人、自分のためにきっちり分けて使うことは極めて有意義なのです。

というのも、それは自分が楽に生きるための指標になるからです。バランスがとれると、人は楽になり、幸せになれるのです。

一日のうち八時間を、どう他人のために使うかを考えます。どのようにサービスをすれば質が向上するかを目指すわけです。

別の八時間は、どう自分のために使うかを考えます。自分のための研究や趣味、娯楽を本当に楽しむために使います。効率よく遊ぶために近場で楽しい場所を見つけたりします。

残りの八時間も、どう楽しく休息するかを考えることです。リフレッシュするために、深いリラクセーションができる環境を整備する必要があります。瞑想したり、深く眠りについたりできるには、どのような枕がいいかを含め、寝るスペースの居心地の良さを追求すべきでしょう。とにかく、一日二四時間のマネージメントを常に怠《おこた》らず考えることは極めて重要なことなのです。

引っ越しで運気は上げられるか

高みと高みを結んだ場所に住む

時間管理と同様に、場所つくりも重要です。

私は、自分の家の座る場所や寝る場所の周辺をひんぱんに模様替えするようにしています。リフレッシュするためです。ただし、引っ越せば引っ越すほど運気が上がると信じて、リフレッシュのために引っ越しをする人がいますが、それはあまり勧められません。

自分の運命が、住環境とか家相とか風水に影響を受けるのは事実です。しかし、近代的な風水を見ると、珍説、奇説が横行しているように思われます。単に伝統的な風水を否定する目的のものが多いようです。

引っ越せば運気が上がるというのも、不動産業者は儲かるかもしれませんが、私には珍説に聞こえます。というのも、**伝統的な風水では、良い場所を、時間をかけて見つけて、その場所に引っ越して、そこに長く住む人が栄えるとしているからです。**引っ越しばかりしていると、時間とお金と労力だけが失われてゆきます。

新しい住居を見つけるコツは、まず、周囲に黒い苔《こけ》が生えていないかどうか確認することです。緑の苔は良いが、黒い苔はカビであり、地下の水が死んでいるとされています。木々が折れ曲がって生えているところもあまり良くありません。蟻《あり》などの虫がやたら巣をつくっているところも要注意です。

住み家として適切でない場所は、土地が低い場所でもあります。そこが、一般的に栄えにくいところなのです。街中だと、公園になっているようなところはもともと、低くなっているところや川があったところである場合が多いように思われます。そういうところはなるべく避けて、できるなら高台で岩盤が固いところに住むのが望ましいでしょう。

気をつけなければならないのは、そうした高低差が都市部ではわかりづらくなっていることです。たとえば、東京・新宿駅西口は高台で岩盤も固いですが、高層ビル街より西、十二社《じゅうにそう》あたりから南に向けて土地は下がっています。下がりきったところは非常に低くて、水が出るなど水害が起きやすくなります。とくに池とか、沢とか、サンズイの地名のある場所は低くて柔らかい地盤のところが多いと思ってください。

津がつく地名も注意が必要です。かつて津波がきた場所であることがあるからです。

磁石で東西南北を見た場合、**東西南北それぞれに、しっかりとした丘や山があると理想的です。**というのも、高みを結んだ場所というのがイヤシロ地（神が降下するところ）とされているからです。平安京などは、まさにそのようにしてつくられました。比較的大きな街道が通っている山の尾根もいい場所です。

たとえば東京は、南は海が開けているので山がないように思われがちですが、実は大島など伊豆七島が山の代わりをしているのです。東には房総半島の山々があり、西には南アルプス、北には日光の山々がある。ただし、その東京でも、くぼ地や盆地よりも高台が良いでしょう。**南に遠浅の海があるのも良い場所です。**南に入り江があれば、半島や岬が山の代わりをします。東京湾、大阪湾、伊勢湾、駿河湾、相模湾がその例です。

これに対して、低いところを結んだような場所は穢《けが》れ地とされています。

栄える場所というのは、周りも栄えています。ある程度、周囲の家が栄えているかどうかを見るのも、住む場所の決め手となります。だからこそ、住む場所を決めるときは、ネットや間取りだけで選ばずに、必ず現地にいってみることです。その周囲を歩いてみれば、栄え地かどうかがよくわかるはずです。

引っ越しても好転しないときは？

風水は三年住んでからが本番と心得よ

こうして住む場所を選んで、一か所に三年住めば、自分とその場所との相性が良くなり、落ち着いてきます。逆に引っ越して三年以内だと、いろいろな運命的な歪みが大きくなります。妙に出費が多くなったり、自分もそそっかしくなったり、精神的に不安定になったりするのです。体の弱い人が家族にいると、症状が悪化する場合もあります。

基本的に住居は、慣れ親しんだ場所がいいのです。しかし、そこに三年以上住むと飽きがきます。その飽きを解消するために、いかに美しく模様替えをするかが重要なポイントになるわけです。

風水の面白さはそこから始まります。風水は建ててしまった家の間取りを変えずに、庭を変えたり内装を変えたりして、その場所を豊かにする方法・技術でもあるからです。

これに対して家相学というのは、そもそもどういう家を建てるといいのかという技術です。

三年というのは、実は会社にも当てはまります。人はだいたい三年経つと飽きがきます。だから三年程度ごとに人事異動があったりするわけです。人の縁を変えるのです。三日、三月《みつき》、三年は、だれる、惰性《だせい》になる、飽きるという時期であり、何かしらの変化が必要であることを示しています。

カーテンでも椅子でも絨毯《じゅうたん》でも、長く住めば汚れていきます。とくにいつも使っているカーテンなどは、汚れても気がつかないことがよくあります。目安としては三年で変えることを意識すると良いのではないでしょうか。

風水的には、**北には「滝」を連想させる水場**があると理想的です。**北東には堅固な石組や庭石**があると良く、**「山」のように動かないもの**を置くことです。**東には「木」に代表される植物や植物柄のもの**がお勧めで、「雷」をイメージできる電気製品も東に設置すると良いでしょう。**南東には波や「風」を連想させるタペストリーや布製のモノ**が良いとされており、掛け軸を飾るのも良いです。

南には明るい窓や照明があり、「火」や日を象徴する赤など暖色系のモノを飾ると良いでしょう。**南西には、「土」に関係するモノ**、たとえば陶器を置くと良く、細かいモノをたくさん集めたコレクション棚があっても良いでしょう。**西には「金」すなわちお金と関係するモノ**が置いてあると栄えます。そして**北西には「宇宙」や「天」のイメージのモノ**があると良いでしょう。主《あるじ》の部屋も、なるべく北西にあるべきだと思います。

人生において非常に調子の良いときに家を建てた人を見ると、結局良い風水から見て理想的な家になっていることがよくあります。私の父がそうでした。父は勤め人で一番油がのっているときに引っ越して家を建てたのですが、私が風水や家相を勉強した後に実家を調べたら、風水的に最高の家であったことがわかりました。父は別に風水を調べて建てたわけではありませんでした。

しかし、北側が山で、間取りも台所、玄関など何から何まで完璧な配置だったのです。その完璧な家相、風水の家で私は、一三歳のときに普通の人にはおこりえないような不思議な体験をしたのでした。それは私の人生を決定するような、掛け替えのない貴重な神秘体験でした。

音《おん》の呪力で開運する

商品や社名を決める際の「宝の法則」

ビジネスにおいて、名前を決めることは非常に重要なことです。そのことを感じているから、商品名や会社名をつけるときは、皆こだわった名前をつけようとします。しかし、こだわればこだわるほど、一般の人には読みづらくわかりづらい名前になってしまうことも少なくありません。

本来は商標を押さえたうえで、わかりやすい名前をつけるのが一番良いのですが、わかりやすい名前ほど商標登録をされていることが多いので、探す手間を惜しまずに、根気強くわかりやすい名前を見つけることです。

言葉がもつ呪術力と八卦の関係を研究した言霊学の研究家・小笠原孝次の『言霊百神』によると、タ行は乾《けん》（天）、カ行は巽《そん》（風）、ラ行は兌《だ》（沢）の性質の力が基本的に備わっているといいます。ということは、この三文字にはそれぞれ、リーダーシップをとる力、自由になる力、金運を呼び込み、かつ情報を発信して広める力が合わさった言霊になるとも考えられます。

一方で、**「宝の法則」といって、タ行、カ行、ラ行の文字が入っていることが望ましい**ともいわれます。印象に残りやすい響きがタ行、カ行、ラ行にあるということです。ヒット商品の名前にもタ行、カ行、ラ行が多く見られます。

たとえば、ファミコンゲームで一世を風靡《ふうび》した「ドラクエ」こと「ドラゴンクエスト」、水木しげるの漫画に出てくる「ゲゲゲの鬼太郎」などがあります。当然「宝」や「力」、「語り」という言葉は強く耳に響くし、「ゴジラ」「たまごっち」「きらら」なども夕行、カ行、ラ行のどれかが入っているので、印象に残ります。

しかしこれは心理学というよりも言霊の問題に近く、商品名を考える場合、八卦のどの性質を強めればいいかを勘案して命名するのも面白いのではないでしょうか。

個性を出すために、こだわりを手離す理由

運命の広がりを邪魔するものとは

ビジネスにおいては、トレンドや大勢の人の気持ちにどう寄り添っていくかが大事であることはいうまでもありませんが、逆にそうした時代に、どのように個性を出していくかということも、腕の見せどころといえるでしょう。

そのためには、いつも自分の想念を滞《とどこお》りなくさせておくことです。それは、悪い感情を生み出さないように、少しでも不要なこだわりを捨て、自由で柔軟な視点をもつという習慣をつけることなのです。

もちろん、こだわりが悪いわけではありません。ですが、こだわりすぎると、偏ります。偏ると当然バランスが悪くなります。バランスが崩れると、良い状態が長く続かないのです。

バランスをとるためには、感情の整理が大切です。ある出来事と感情は結びついて記憶されることがあります。出来事と感情は強く紐《ひも》づけされてしまう傾向が強いのです。しかし本来、出来事と感情の関係はもっと自由であるべきなのです。妙なたとえになりますが、どのようなホラー映画でも面白く見ることができるかもしれません。逆にどのように面白い映画でも怖いかもしれない。そういう自由をもつことが、バランスを取るうえでとても重要なのです。

非常に大きなモノの構造に小さいモノのヒントがあるかもしれないし、極微小のものに大宇宙の謎を解くヒントが隠されているかもしれないのです。シンクロニシティやオカルト的な現象をつぶさに観察していると、自然とそうした思考、発想ができるようになります。**つねに対極側を見る自由な発想力が必要なのです。だいたい反対側を見ると、頭が刺激されてアイデアが生まれます。**そのようになっているのです。

逆にこだわりすぎると、発想が凝《こ》り固まり、周りのことが見えなくなるし、受け入れられなくなります。このことが、究極的には一番の障害となります。

運命の広がりを邪魔するのは、「我」と「こだわり」にほかなりません。このことはあらゆる宗教が指摘しています。

もちろん、自分なりにこだわって深く掘り下げることは必要なプロセスです。ですが、**たとえギュッと握っていても、いつでもパッと手離せるようにしておくことが重要なのです。**こだわりを、こだわりのままにしていてはいけないのです。周りの人の意見が聞けずに孤立してゆくのが、こだわりの怖さでもあります。

攻める感情や、恨《うら》み、妬《ねた》みも「我」に通じるモノであり、好ましくないということをぜひ気に留めておいてください。

お金が欲しければ、豊かさをイメージする

願望実現のための六つのカギ

未来を予知したり、お金に絡む直観的な判断能力で儲かる株を見分けたりすることはできるでしょうか。これはある意味、永遠の問いといえるでしょう。

一部の勘の良い人が儲かる株を大当たりさせて、金持ちになっているのは事実です。そうした勘の良さというか、予知能力的な力を発揮させるには、いくつかのカギがあります。簡単にできるわけではなく、そのカギを見極めなければならないのです。

私は、お金を儲けるための予知能力、直感力を使う場合、六つのカギがあると思っています。その六つの項目をクリアしなければなりません。

一つは、お金が欲しいと決めたら、逆に「お金が欲しい」という思考を握りしめすぎないことです。人間は「お金」と思った瞬間に迷います。なぜならお金を得たいと思っても、多くの場合、得られないことが多いから迷うのです。お金が一億円欲しいと思っても、玄関前に一億円が置いてあったなどということは、まずおこりません。それゆえに、多くの人たちはお金を得たいと思えば思うほど、迷うようになります。心の中でどうしても、そんなことはおこらないと思ってしまうからです。

このとき重要なのは、おこるかおこらないか、などと考えないことです。ではどうすればいいかというと、**思考するのではなく、単にイメージを楽しくする素材としてお金とか豊かさを思い描くようにすればいい**のです。たとえば、とても素敵な家があって、その素敵な家を本当に美しく頭の中で描けるようして、その中に自分がいて、たくさんの人たちが遊びにきて、お金を含む豊かさがつねにあることをイメージするのです。

安心してそのことれをイメージできるようになるためには、つねに成功したビジネスそのものを思い描けることです。思うだけでワクワクするようなビジネスモデルが描けることが重要なのです。

次に、お金の使い道をはっきりさせることです。そもそも最終的に自分が使えるお金など、家、車、旅行、着るもの、食べるものぐらいです。それすらすぐに飽きてきます。**最も飽きずにお金を使えるのは、実は「人のためにどう使えるか」ということなのです。新しい人や情報と出会うためにどうお金を使えるか、でもあります。**新しい喜びの種とどう出合えるか、というワクワクした気持ちがないと、人間は飽きるものなのです。

そのワクワクした自分のイメージをつねにもっておくことです。それも絵に描いた餅ではなくて、**いつまでに手に入るのかという明確な期限を設定することが極めて重要です。**「いつかお金を得る」と思っても、その「いつか」は「いつまでも」に変わります。そうではなくて、

「いつまでに」と決めて、潜在意識に落とし込むのです。

とにかく、自分の精神状態を「苦しく、欲しい」という状態から切り離し、「楽しく、満たされた」という状態に変えることです。ここまでが一番目のカギとなります。

運のいいタイミングとリズム

失敗や大成功のあとはインターバルをとる

二番目のカギは、予知のタイミングとリズムを計ることです。たとえば、株にしろ、競馬にしろ、なるべく直前に予知するのが良いのです。競馬だったら締め切り時間の直前に予知して馬券を購入すべきです。そのほうが余計な雑念が入り込む余地がなくなります。雑念が入れば、それだけ迷い、予知が当たる可能性が低くなります。

また、予知能力を投機的なことに使おうとするならば、ギャンブル性が強ければ強いほど、投機の方法にこだわらずに、きれいか汚いかの判断もせず、かつ、失ってもいい程度の金額で賭けることです。

仮にギャンブルを汚いモノだと考えたら、その後ろめたさが潜在意識に落とし込まれ、汚くて嫌だという思いが、当たりを遠ざけるほうに働きます。失ってはいけないお金をギャンブルにつぎ込めば、失ってはいけないという悲壮感が潜在意識に落とし込まれ、悲壮な状況、つまり悲しい状況が現実化することになるのです。投機も同じです。

一度、投機で手痛い損失をこうむったら、少し時間を空けるべきでしょう。悪いイメージはある程度、時間をかけて払拭《ふっしょく》するに限ります。インターバル期間をもちながら、うまくいくまで定期的に投機をおこなってみる。そして、うまくいったら、うまくいったイメージを絵に描いたり、そのときの自分の状態を言葉で録音したり、成功した状況を詳しく説明した音源やノートをつねにもったりして、その良い状態をつねに味わえるようにしておくことです。

その成功のイメージをもっているうちは、成功の確率は維持されるでしょう。そこからは、こだわり次第です。こだわりがなければ、より当たるし、こだわりがあれば、それが障害となって当たる確率が低くなります。

ただし、当たったからといって、すぐにまた次の投機に手を出すのも勧められません。当たったらしばらく時間を置くのが良いでしょう。当たったらすぐにまたやりたくなるかもしれませんが、当たったらまず自分の気持ちを鎮《しず》めることです。そうしないと、浮ついた気持ちが予知を乱すことになるからです。

自分の頭の中のリズムと、タイムマネージメントをしっかりすることです。心を鎮めなければ、予知するのは難しいでしょう。

金運を維持しやすいリズムをつかむためには、三か月ごとにプランを立てておこなうと良い

でしょう。タイミングに関しては、自分の感情状態が安定していて、良い状態のときです。そういうときには、すべてのタイミングが良いほうに働きます。バス停にいったらすぐにバスがくるとか、タクシーにのろうと思った瞬間に目の前にタクシーが現れるというようなことがおこります。とくに朝一番で良いことがおきたときは、勝負のときです。投機にチャレンジしてもいいでしょう。

旅行やイベントに参加するなど、楽しいことが予定されている前に投機をおこなう手もあります。ほかにタイミングに関しては、先述しましたが、そもそもお金にゆとりがあるときにギャンブルをすべきでしょう。

運が上がる環境を整える

美しいモノやパワーグッズが引き寄せる金運

三番目のカギは、自分が美しいと思うモノに親しんでいるとき、お金を得ようとすることです。たとえば、美しい絵が展示された美術館を鑑賞した後とか、あるいは美しい絵を描いているときとか、美しい文体の本を読んだ後とか、美しい風景を見た後とか、そうした**美しいモノに触れたときに金運が上がります。**積極的に美しいモノに慣れ親しむことによって、金運を上げることができるのです。

美的意識を高めるだけで、金運が良くなります。それは美が心を癒やすからです。癒やされた心は、満たされた気持ちや安らぎを引き寄せます。とにかく美しいモノを自分からドンドン見にいくようにすることです。

四番目は、**普段ありえないことがおきた直後に、お金を得ようとすることです**。ものすごくラッキーなことがおきるときというのは、ものすごく不思議なこともおこります。逆にいうと、普段ありえないような事故に遭ったとき、幸運が舞い込むことが多いのです。もちろん、わざと事故に遭うのは愚の骨頂《こっちょう》です。ただ、「禍《わざわい》を転じて福となす」ということが実際にできるのです。

もちろん、それが災いである必要はありません。「普段、おきえないようなこと」がポイントです。そういうことがおきるときというのは、基本的には運が良いことなのです。

ＵＦＯとか幽霊を見た後も、実はギャンブルで当たったという人が多いのです。意外な人と出会ったなどというときも、運が上向いているときです。二〇年ぶりに友人と出会った直後に、競馬で大当たりしたなどということもおこります。

五番目は、**伝統的なシンボルが刻まれたモノ、パワーストーン、豊かなイメージが湧くような記念品など運気を上げるようなパワーグッズを手に入れたり、身につけたり、身近に置いたりしているときに、運試しをすることです**。

私たちがパーティーや儀礼などで宝飾品を身につける習慣は、実はそこからきています。豊かなモノを身につけることは、そもそも運気を上げる呪術的効果があります。大きなイベントでより大きな幸運を引き寄せたいから、宝飾品をまとうのです。

ギャンブルに出かけるときは、ちょっと良いモノを着て、着飾っていくとよいでしょう。自分の好きなパワーストーンやシンボルを刻んだモノや、お札《ふだ》などを忍ばせておくとよい。目の形をしたモノや星の形をしたモノ、格子柄《こうしがら》のモノ、渦巻き状のモノといった護符の類を身につけるのもよいでしょう。これらは世界的にも、チャームとかタリスマンと呼ばれて、昔から使われてきた「お守り」なのです。

これらは、魔界の邪気をはらいのけて幸運や勝利を引き寄せるとされ、軍服や甲冑《かっちゅう》にシンボルとして刻まれてきたという歴史もあります。

柔らかいモノと固いモノを組み合わせて積み上げたようなモノも効果があるとされています。それを象徴する宗教的な施設としては、三重の塔や五重の塔があります。ピラミッドもそうです。「積み上げ構造」には運気を上げる呪術性があるのです。

最後の六番目のカギは、**身近な人たちの愛情に恵まれているときに勝負に出ることです**。実は家族の愛情と金運は連動するのです。何か商売をやろうとして、身内そっちのけで、身内をけなしておいてお客の前ではいい顔するのは、一番質《たち》が悪い。それは滅びる商売の仕方です。

身近な人でもとくに異性からの愛情に恵まれているときは、運気が上がっているときでもあります。反対に、異性との愛情でいつもぎくしゃくしているときは、運気も下っているので、大きな賭けに出てはいけません。

どん底からの脱出法

淀んだ「気」を水に流してリセットする

ありとあらゆる運気を上げる技術を駆使しても、どん底状態から一向に浮上できないときもあります。そういうときはまず、そのような状態に陥った原因をはっきりさせることです。

オカルト的技法を施しても運気が上がらないということは、技法を使うときの感情が良くないということを表しています。何かに自信がなかったり、どこかで引っかかりがあったり、後ろめたさがあったりすると、運気を上げる呪術はうまく働きません。

そういうときは、いったんすべてから離れます。**すべてのこだわりや願望から離れて、水に流します。水に流すためには、水産物や水産加工品、お酒といった水に関連する食品を口にしてリセットするに限ります。**それが一番簡単にできるのが、鮨（寿司）屋にいくことです。お鮨は潜在意識の中にある汚れを落とすには、一番いい食べものです。

酒の肴《さかな》という言い方がありますが、水に流すためにお酒と一緒に食べるのに一番適している食べものが魚でもあるのです。魚を食べて、お酒を飲んで、悪い感情を水に流すのです。

昔は、握り鮨というのは悪い感情を握りつぶすという意味であり、散らし鮨というのは悪い感情を散らすという呪術的意味合いが強かったのです。そして最後に稲荷鮨で「意」が「成る」、つまり願望が成就するということになるわけです。「寿《ことぶき》」を「司る」ので寿司屋とも書くようになったのです。

とにかくお酒を飲んでお鮨を食べてリセットすることです。悪い感情を水に流した後、よく寝ます。そして翌朝起きた一番で、運気が落ちた原因が何であったかを冷静に分析して、原因をはっきりさせます。要するに、自分の潜在意識のどの部分に蓋《ふた》をしているのかを探し出せばいいのです。

それでもわからなければ、八卦を立ててみることです。何が問題だったのか、自分がいまどのような状態になっているかが、必ずはっきりするはずです。足りないものが「坎《かん》」であれば集中力が足りなかったことになり、「艮《ごん》」であれば積み上げてきたことの法則性や伝統性を重視しなかったことになり、「震《しん》」であれば人間関係が悪いことになり、「巽《そん》」であれば自由を求める力が足りないことになります。

また、「離《り》」であれば感情の状態が良くないことになり、「坤《こん》」であれば受容性が足りないことになり、「兌《だ》」であればお金に対するイメージが悪いことになり、「乾《けん》」であれば自分の力を信じていないことを示していることになります。それぞれ不足の部分を補えばいいのです。**八卦を立てる簡単な方法は90ページで紹介しましたが、より簡易に立てるなら、時計の分針を見ることです。**パッと見た瞬間に針がどの数字を指しているか、で八卦を立てます。分針が一三分を指していたら、13を8で割ります。あまりは5となりますから、卦は「巽《そん》（風）」です。自由になることが重要であるという卦になります。易は正しく立てれば、一〇〇パーセント当たります。一〇〇発一〇〇中でしかありません。

八卦で指針を決めます。一番よくないのは、迷っている時間が長いことです。悩むのでしたら、せめて何か行動しながら悩んでください。迷っている暇があったら八卦を立てて、行動してください。右か左かで迷ったら、どっちにもいけばいいのです。いって卦を立てれば、意味がわかります。その後で、方針を変更するかしないかを決めればいいのです。

宇宙はすべてバランスで成り立っています。そのバランスが崩れたとき、崩れたことを知らせてくれるのが八卦であり、そのシンボルなのです。

運が良すぎて怖いとき

普段やれなかったことを地道におこなう

人生には、運が良すぎるときもあります。しかしそれで有頂天《うちょうてん》になってはいけません。そういうときほど、逆に普段面倒くさかったり大変だったりしてやらなかったこと、努力を怠ってきたことに挑戦すべきです。

運が良いときは、苦労を買ってでもしてください。逆に運が悪いときは、よく寝るに限ります。それが運命学的な人生の基本です。

悪いときに必死に努力すると体を壊します。人にも逃げられます。**良いときには普段後回しにしてきたことを全部おこなうようにしましょう。**トイレ掃除でもいいし、家の大掃除でもいいでしょう。運が良いときには、やったほうが良いことを徹底的にやります。それまで面倒くさいので避けてきた良いことをおこなうのです。そうすると、運気が落ちにくくなります。

運が良いときの怖さは、必ずドーンと落ちることです。ところが、後回しにしていた「良いこと」をおこなうと、その運気が落ちづらくなります。少なくとも緩やかに落ちるので衝撃も少なくて済みます。

運が良いうちに、汚れているモノはとにかくきれいにすることです。窓ふきでもよいでしょう。私は靴磨きをお勧めします。鞄の中の埃を取ったりするのも非常にいいわけです。

話は少し脱線しますが、パチンコで当たりが止まらないときもあります。私もかつて東京に出てきたばかりのころ、二年間ばかり実質的にパチンコだけで食べていたような時期がありました。

パチンコには裏があるように思いますが、基本的には金属のボールそのものが金運と大きくかかわります。パチンコ自体に呪術があります。チューリップが開いたり、玉が穴に入ったり、釘の間を通ったり、すべてが金運を呼び込むシンボルであるといっても過言ではありません。金運を求める人が引き寄せられやすいグッズで彩られています。

そのパチンコですごくツキがあった後は、注意が必要です。ツイているときの隙が魔を招くのです。ツキまくっているときは早めに切り上げて帰るほうがいい場合が多いのです。

私もかつて東京の巣鴨でパチンコに大勝したことがありました。そのときはあまりにも舞い上がってしまって換金した後、財布をすられていることに気づきました。財布代を入れると、だいたい差し引きゼロでした。

そのとき思い返すと、パチンコ台の隣に座った男が手袋をしていたのです。変だなと思いつつも、そのとき当たりが出まくっているときでしたから、蹴飛ばされても気がつかないくらい熱中していました。あとから思うと、運気の良さに浮かれている私にプロのスリが目をつけたのだとわかったわけです。「好事魔多し《こうじま》」といいますが、いい経験になりました。

ここで大切なのは、何事にも溺れない、貪《むさぼ》らない、有頂天にならないということです。奥ゆかしさを残してこそ、運気が持続するのです。「一つ残し」とか、「一つ隠し」とか、幸運を使い切らずに残す、一つ手前で止めることが大事なのです。

宴会でから揚げなどの大皿料理が一つだけ残ってしまい、誰も手をつけなくなる関東人気質を「関東一つ残し」などと呼びますが、これも経験的にそのほうが運を落とさないということに気づいているから、そのような風習が残っているわけです。

つねに一歩引いて止める。

易は六四卦ありますが、六四番目の最後の卦は「火水未済《かすいびせい》」といって「未《いま》だならず」という状態を意味します。最後の卦が完成されないという卦であることに易の奥深さを感じます。ところが、その一つ手前の六三番目の卦は真逆で「水火既済《すいかきせい》」といって「すべては完成した」という状態です。すべてが完成したという卦の隣に、最後にすべては未完成であるという卦があるわけです。

私には、これが非常に重要な教えであると思えてなりません。『論語』の「過ぎたるは猶《なお》及ばざるが如《ごと》し」に通じるものがあります。

易は万物流転《ばんぶつるてん》の中の運気の流れを教えてくれるのです。ジェットコースターのような人生のアップダウンが全部出てきます。これはすごい哲学です。

もともとは『易経《えききょう》』の経典ですから、最後は、人間は死んでしまうのだと諭《さと》しています。人生においてどんなことを成し遂げても、最後は骨になってしまうのです。それが易の神髄です。そして、すべての宇宙の力と合体して再び生まれてきます。それが易の一番目の卦の「乾《けん》為天《いてん》」で、「すべてを宿して生まれてくる」という状態です。

易を横読みすると、たとえば今「地火明夷《ちかめいい》」という「真っ暗闇」という状態であっても、次の卦は「風火家人《ふうかかじん》」といって「家族の絆」という状態が訪れます。つまり、家庭を第一に、思いやりをもって協力し合えば、運気は上昇するということを示唆《しさ》しているのです。

易は本当によくできています。私も易を覚えてから価値観がまったく変わりました。それまでは自分の能力で運気を読まなければならなかったので、大変でした。超能力のような力はいつでもどこでも使えるわけではないからです。比較的先の未来を読むことはできますが、次の瞬間に何がおこるかといったようなタイムリーな予測は、非常に消耗するし、混乱しやすいのです。そういうときには、易のほうが便利です。

悪い運気をもたらす人にどう対処するか

三つの危ないタイプと対応法

運気を吸い取るエネルギー・ヴァンパイアのごとき人は確かに存在します。「どうもこの人がくると調子悪くなる」という人です。そのエネルギー・ヴァンパイアには三種類あるようです。でもそれは、エネルギー・ヴァンパイアが三種類いるということではなくて、どのような人も組み合わせによってはエネルギー・ヴァンパイアになりえて、そのパターンが三つあるということです。

一つは、完全に相手のペースを狂わせる人です。昔、しょっちゅう異性にふられる友達がいました。ふられると必ず私を頼ってきます。酒瓶をもってきて、愚痴《ぐち》をさんざんいって、プイッと帰っていきます。それだけで私のリズムは翌日からすべて狂います。スプーンもしばらく曲がらなくなるほどでした。本当にすべてにおいて調子が悪くなりました。

二つ目は、生霊《いきりょう》を飛ばして、運気を吸いとる人です。あまりにも依存してくるので突き放すと、それを恨むタイプです。私のように相談にのる仕事をしていると、一番手こずるタイプでもあります。親切心から本当のことをいおうものなら逆恨みされたり、ネットでも一年ぐらいひどい書き込みをされたりします。

こういうタイプの人は、相手がどう感じるかなど考えもせずに、しつこく質問したり、延々と話をしたりします。そしてひと通り話して気が済むと、プイッと帰っていきます。そのころには、こちらはエネルギーを吸いとられて、ヘトヘトになっているわけです。

この二つのタイプのヴァンパイアへの対処の仕方は、比較的単純です。彼らの行動パターンを変えさせればいいのです。依存したり、恨んだりする考え方を変えさせる必要があります。過剰に依存して過剰に攻撃するのは、全部他人のせいにするからです。だから、**すべては一〇〇パーセント自己責任だということを悟らせます。**他人に頼ったり他人のせいにしたりするから、自分で運気が変えられないのです。

だから、彼らに愚痴をいうのをやめさせます。**他人の悪口をいうのも禁止します。その代わりに人を励ますことを一歩ずつ実践させるのです。**なかなか聞いてもらえないこともありますが、最低三日間それを試すよう説得します。運気が変わるのにだいたい三日かかるからです。四日目から本当に好転します。急に運が良くなります。

こういうタイプはもともと、念力が強い人たちですから、一〇〇パーセント自己責任であることに気づきさえすれば、自分で運気を上げることなど簡単にできるようになります。自分がもっている力を他人からエネルギーを吸いとったり、他人を攻撃したりすることに使わずに、自分の願望のために使えばいいだけなのです。

三つ目のエネルギー・ヴァンパイアは、本当に行くところ行くところで人を不幸にする人です。このタイプは一見優等生のように見えたり真面目に見えるのでわかりづらいタイプで、まったく意識せず、数年がかりで人をダメにします。

めったにいませんが、その人には残念ながら何かが「憑《つ》いている」こともあります。私が知っているケースでは、その人に関わって死んでしまったという人を何人か知っています。霊視すると、ハクビシンのような妖怪が憑いていました。その人の家が代々信仰していた妖怪で、その妖怪の御蔭《おかげ》（加護）をもらっていたと思われます。動物の念を使って何かをおこなっていた先祖がいます。

しかし、何世代も経つと、その経緯がわからなくなって信仰をやめてしまいます。すると、その人の代あたりから、周りに不幸がおきるようになるのです。耕す畑ですら土が死んでしまいます。奇病にかかるケースもあります。妖怪のほうは、自分が忘れ去られていることに気づいてほしい一念からそういう現象を引きおこすのです。

対処の仕方は、その妖怪にそれまでのことを感謝して説得して外すしかありません。最後は憑代《よりしろ》といって石や人形に入れます。そして、それをしかるべき場所に祀《まつ》ればいいのです。

こうした対応は、一般の方には困難でしょうが、悪い運気をもたらすような人でも私は、七年間は付き合うようにしています。その際、避ける姿勢と、手を伸ばす姿勢を意図的にコントロールすることがあります。遠ざけたり近づけたりして、その人の内面がどう動くかを観察します。そして状況に応じて、アドバイスを与えることもあります。

オカルトを否定する人たちや自分の価値観と違う人たちとも、あえて付き合うようにしています。なぜオカルトを否定するようになったかがわかるし、何よりも自分の対極にいるような人たちと話をすることは、本作りにも役立つからです。自分を客観的に見ることもできるようになります。

虫の知らせや直感を大切に

なぜ即、行動に移せないのか

いわゆる虫の知らせや直感、無心になったときにふいに入ってくるイメージというのは、非常に重要です。とくに突然意外な想念が閃《ひらめ》くときは、極めて重要なメッセージだと思って間違いありません。そのときは、なるべくその閃きに沿うように動くことです。しかもすぐに行動すべきです。

ところがほとんどの人は、自分に不都合なときに現れた霊感に従いません。だいたいにおいて無視します。**気にかけたまま無視して大惨事になることが多いのです。霊感や直感がきたときには、動けるときはすぐに行動することです。**可能な限りすぐ行動に移すことです。それさえできれば、運気は非常に良くなります。

こうした現象を理屈で考えてはいけないのです。霊感がきたら即、行動あるのみです。霊感がきたときは、すでに危ないというときが多いのです。一刻も早く行動することが重要になるわけです。

チャンスが通り過ぎようとするときも霊感が降ってきます。「いま！」というシグナルがあります。「幸運の女神には後ろ髪がない（前髪しかない）」というのは本当です。通り過ぎた後にはつかめません。ためらっていると、そのチャンスは通り過ぎます。

寝室や長時間いる場所の邪気を祓う

目的別にグッズを選ぶ

私は安眠のために鉱石やアロマ（芳香）を使っています。

運気を上げたり邪気を祓《はら》ったりするために、事務所では四種類くらいのアロマをブレンドして使っています。カーペットの下には隕石《いんせき》の粉を敷き詰めています。伝統的な日本画の世界を描いたような絵を飾ったりもします。たとえば「三宝柑《さんぽうかん》」とか三日月とか川下りの船の絵です。どれも金運を向上させる絵です。三日月形の船は「兌《だ》」のシンボルですし、三日月形に羽ばたくツルなども金運のシンボルです。基本的な日本画の題材は、金運とかかわるシンボルからできていることが多いのです。

おせち料理の具も同じです。栗きんとんは如意宝珠《にょいほうじゅ》を表しているし、エビも三日月形の金運のアイテムです。ほとんどが運気と関係があるモノで、運を食べる料理がおせち料理といってもいいくらいです。

念力で他者の歯を抜いたとされる浜口熊嶽《ゆうがく》（一八七八〜一九四三）の「神龍」と書いた肉筆の書を最近手に入れましたが、これも素晴らしい逸品です。非常に力が強く、事務所に飾ってから、ありえない確率のことがひんぱんに起きるようになりました。戦前の碁石占《ごいし》いの絵や鞍馬《くらま》山修験道《やましゅげんどう》の神様を描いた木版画など、通常では手に入らないモノが次から次へと入手できるようになったのです。

ブレスレットの利点は、パワーストーンが自分に密着するということです。パワーストーンには、それぞれの人に合ったものがあります。その人が何をやりたいのかによっても変わってきます。

たとえばラピスラズリは、いまおこなっていることを切り替えて良くする力があるパワーストーンです。いままでやったことがないことに挑戦するときに身につけると効果があります。アクアマリンは運気を柔らかく良くする力があります。コツコツと仕事をする勤め人の方にはアクアマリンが向いています。徐々に運気を上げていくのでペースを乱されることもなく、仕事がスムーズにはかどっていく感覚があります。

ほかに幸運を呼び込むグッズとしては、くの字に曲がった蔵鍵《くらかぎ》や木槌《きづち》がお勧めです。大黒様といえば木槌ですが、蔵鍵をもったものもあります。

模様・デザインでは、雷のようなジグザグ模様が幸運をもたらすアイテムです。良い方向に物事が変化してゆくことを表しています。古代においては天地のシンボルとして使われていました。

十字架のご利益は、キリスト教に限らず万国共通です。交差する線には福が宿るとされているからです。神社の入り口にある鳥居《とりい》が格子模様なのも、空海が十字の印を切るのも、十字には運気を強める呪術性があるからです。

複雑模様の台座の上に丸い鏡があるのは、宇宙と湧きたつ雲を表しています。「むら雲の鏡」ともいいます。台座には雲が湧きたつ様子が描かれています。「気」はもともと、大地から雲が湧きでる様子を描いた文字だとされています。その上に「丸」で代表される宇宙があるわけです。雲の彼方に宇宙があり、その宇宙を己自身であると説くのが古神道です。「かがみ（鏡）」から「が（我）」がとれたときに、人は「かみ（神）」になるのだとの諭《さと》しが隠されています。

古神道においては、内と外は同じになります。神は内にも外にもいます。ですから自礼拝という神事すらあるわけです。

宇宙存在がもたらした経済哲学

「M＝M＝C＝C」の意味とは

最後に未来のあるべき地球経済の形について、言及しておきましょう。地球経済のビジネスモデルは、これから一大変革期へと向かいます。

一九九〇年代に私が韓国の経済人でサムスン総合化学の社長・成平健氏の依頼を受けて、相談に乗っているとき、ビジネス成功の最初の入り口は何かと尋ねられたことがありました。多くの人が理解できるようなビジネスモデルが知りたい、というのです。

そこで私は、宇宙的な存在（それは宇宙人といってもいいし、宇宙に存在する意識体と呼ぶ人もいます）に、そのようなモデルがあるのかどうか尋ねました。そのときに現れてきたのが、「M＝M＝C＝C」というテレパシーだったのです。Mはマインド（Mind）、人間の心。もう一つのMはマネー（Money）、お金。Cはコスモス（Cosmos）、宇宙。もう一つのCはカンパニー（Company）、会社であるとその宇宙存在はいいます。

その啓示によると、人間の心の中に現れる感情や心のあり様というのは、物質社会で一番大事だと思われているお金に反映するといいます。だから、心とお金をまず同列・同等に見られるようにならなければダメだというのです。

心は清くて、お金は汚いということはないのです。そう考えている人はまず、ビジネスで成功することはありません。入り口で躓《つまず》く人です。

同様に、宇宙とお金と人間の心も同じ価値のモノであると、宇宙存在は説きます。星々のきらめきが美しいと感じるように、人間の心とお金を美しいと見ることができるようにならないといけないというのです。

さらに、その宇宙を見るように、会社も同等の存在であると見なさなければならないともいいます。自分が運営したり関わったりする会社は、自分のいまの心に等しく、いま感じるお金の価値観に等しく、自分が見る宇宙や世界観に等しくなくてはならないのです。

心、お金、宇宙、会社の四つが同じように気高く、同じように尊厳をもって楽しく見る必要があります。この四つを同じように心地良くイメージすることができると、「いま決める」ことが大事なのです。そのイメージが同質、同等、同価値であると決めることです。決めることが成功へと続く第一歩で、その瞬間、心の本質が変わるのです。そして、それに向かって修行・努力すると決めなさい――そんな宇宙智にふれたように思いました。

もう三〇年近く前の話ですが、いまでも私は、この考え方が非常に素晴らしい哲学だと思っています。この啓示を受けて、成平健氏は当時、韓国で『M＝M＝C＝C』という経済・経営の指南書を出版したほどです。

マインドとは、自分の心でも他人の心でもあります。心が宇宙と同じ力をもっているのだということを知ることが重要です。心は美しいモノなのです。心はお金と同じように時間や物質から自分を自由にします。心をまず、そのように捉え直すべきなのです。

お金も汚いものでは決してありません。人の不幸を生むものでもなければ、権力者が弱者を支配するための道具でもありません。お金に関しては、長い間汚れたイメージがつきまとってきました。そもそも人間自身がもっている邪悪さを、これまでお金のせいにしてきたことが間違っています。そうしたイメージときっぱりと決別することが大事なのです。そうしないと、ビジネスで成功するのも難しいでしょう。愛さないものが寄ってくるはずがないのです。ならば、お金を愛せるようにならなければなりません。

災害や大惨事がおこる理由

すべての不都合はバランスの崩れからおこる

宇宙には壮大な力があります。その力強さは、大変恐ろしい自然現象すら発生させてしまいます。地震、竜巻、津波などは宇宙の営みの一部でもあります。大きいモノでは、超新星の爆発なども宇宙の姿の一つです。逆にミクロな目で見ると人間の中に邪悪な性質があるのも、宇宙の性質の一部といえます。

宇宙を美しく見るということは、そうした破壊的な面を認めたうえで、それでも美しいとわかってあげることでもあります。それは私たちの心に関しても同じなのです。肯定的に見てあげないと、悪いところばかり、破壊的な側面ばかりに目がいってしまうからです。

同じ「C」から始まる言葉の中にもカタストロフィ（Catastrophe：大変動、破局）があります。この言葉を大災害とか、終末におこる恐ろしい自然現象や地球の破滅の意味としてとらえる人は大勢いるでしょう。そこからの救済を教義にしている宗教団体もたくさんあります。

しかし、これは宇宙が残酷なのでも、神が人間に罰を与えるわけでもありません。人間だけが何をやっても良くて、勝手なことをやっていては、地球が存続できるわけはないということを教えるための「大変化」なのです。人間にも地球にも様々な問題点があろうとも、自然は変化しながら、それをのり越えるためのチャンス（Chance）を人間にたくさん与えてくれているのです。カタストロフィは、別の「C」であるチャンスととらえるべきなのです。

巨大な台風の力から、風力発電のヒントが生まれるかもしれません。福島原発事故以降、クリーン・エネルギーが模索され、海の潮流でタービンを回転させる海洋発電や、巨大な風力発電の研究が進みました。騒音などそれぞれに問題はありますが、地球を生命が住めない放射能汚染の惑星にしないためにも、太陽エネルギーなどを利用した、地球が宇宙の中でもっと回り続けることができるようなエネルギーを開発するよう努めなければならないと、本音では誰もが思っているのではないでしょうか。

たとえば、各惑星の表面に施設をつくって、放電させてエネルギーをもってくるなどの方法も考えられます。宇宙を力強いモノとしてとらえ、そこから大切な力を取り出す宝物庫としてきちんととらえ、かつ美しいととらえることが、これからますます重要になってくるはずです。

宇宙や自然は、私たちのすべての芸術や創造性の源泉でもあります。宇宙が歴史の中で私たちに与えてきた最大のモノは、やはり芸術とか美の感覚ではないかと思えます。

何が美しいかという感覚は、宇宙の星々の煌《きら》めきの美しさとか、結晶の微細な美しさとか、森の木々の葉の色が変わる美しさとか、海や川の水の流れの美しさからきているといっても過言ではありません。

さらに宇宙は、私たちに無数のインスピレーションを与えてくれているのです。それが、私たちの心やお金、会社と同等であることに気がつかなければならないのです。

「M＝M＝C＝C」という宇宙の法則は決して侮《あなど》れません。今後とも私たちが求め続けていくべき指標となるのではないかと確信しています。宇宙レベルの成功哲学の指針がここにあります。

心、お金、宇宙、会社を同じだけ美しく、力強く、尊厳あるものとして見ることができるかどうか、それをつねに自分に問い続けることが必要なのです。うまくいかないのは、どこかバランスが悪くなっているからではないかと、自分自身に問うてみることです。その作業は、自分に尊厳を与えると同時に社会に尊厳を与える、自他共に楽しめる社会をつくり出すことにほかなりません。その入り口を示す方程式が「M＝M＝C＝C」なのです。

この方程式さえ実践できれば、矛盾や腐敗、不平等や偏りだらけの世界経済を明日からでも瞬時に、誰もが楽しめる経済に変えられるのです。

心とお金を一致させる

美しさと喜びのイメージをもつ

本書では「M＝M＝C＝C」を実践する方法を微《び》に入り細を穿《うが》つような説明することはしません。要は、八卦のバランスと同様に、自分の会社や自分の心に欠けていると思われる部分を補強して、四つの要素のバランスをとっていけばいいのです。そのバランスをとる指針が「M＝M＝C＝C」というわけです。

その指針を実践するコツだけ、簡単に説明しておきましょう。

(1)「M＝M」：お金と心のバランスをとる

とにかく、会社の人や顧客のすべての人の間に信頼関係を築くことです。少なくともその努力はつねに続けなければなりません。

信頼関係をなぜつくらなければならないかというと、感情（心）を交流させることができるからです。コミュニケーションがうまくとれるようになります。コミュニケーションは金運を意味する「兌」の性質です。自分の気持ちと相手の気持ちのやりとりができて、信頼関係が深まれば、当然金運も上昇していくわけです。

心の交流もなく、刹那的《せつなてき》にお金を出したりもらったりすることは、緩慢《かんまん》な自殺行為にほかなりません。それは「M＝M」の対極にある状態であるともいえます。

人間はやはり、感情や心で動く生き物なのです。だからこそ、心や感情を本当に大事に扱わないと、人との協調は難しいでしょう。人との協力関係を築けなければ、お客さんへのサービスもできません。つまり自分でも満足できない仕事しかできなくなるということになります。

「M＝M」というのは、お客の感情や気持ちに寄り添った分だけ、お金になるということなのです。営業の基本がここにあります。お金を儲けるためではないのです。その人の心に寄り添うことによって、喜んでもらった分だけ、お金が入ってくるのです。人を喜ばせるということは、実はその分だけ自分も楽しいし幸せになります。お金と心、お金と喜びは、直結して連動しているのです。

(2)「M＝C」心を宇宙に近づける

「M＝M」ができたら次に、会社の価値と心を同等に扱うように努力することです。最初に知っておくことは、仕事とは、文字通り人のために仕えることだということです。人のために何かをしてあげようとする心が仕事です。人を楽しませようとする心が、重要な商品であると思ってください。そしてその人を楽しませようとする心の場を提供してくれているのが会社なのです。

その会社がやっていることがビジネスです。ビジネスはお金を得る、利益を得るモノです。逆にいうと、お金を得ることの意味がわからなければ、ビジネスができません。その意味がわからないままいくら労働しても、それはビジネスとはいえません。

だからまず、何のためにお金を得たいかをはっきりさせることです。その目的を頭に浮かべただけで、楽しくなるような目的でなければなりません。つまり心とお金、心と会社の利益が合致するような状態を思い浮かべることができなければならないのです。

もし、社会に出たばかりなら、お金がないのは当然です。まだスキルもなく、人とのつながり・人脈もなく、経験値もない中で、不安や迷いも多いことでしょう。しかし、その中で自分のテンションを上げようと思ったら、将来的な良いイメージをたくさん頭に浮かべたり、リアルにイメージしたりする習慣をもつことです。

成功哲学的なポジティブ・シンキングも悪くはありませんが、それを口先だけで終わらせずに、本当にポジティブなイメージをもつことができるかが重要なポイントなのです。ポジティブなイメージを毎日思い浮かべるという祈りの習慣をもっていたら、不満も不安も消えてなくなります。会社で働き、お金を得ることが、自分の心と一致するからです。会社で働くことは自分の楽しみとなり、仕事にも邁進《まいしん》できるはずです。

それには、不動の精神と努力も必要です。そうすれば、ちょっと迷っただけで、会社を辞めてしまうということもなくなります。

自分の目的のイメージを美しくすることです。目的を宇宙の美しさや尊厳に近づけるのです。それは、人の喜びにつながるようにしながら自分のカンパニー（会社）をどれだけ発展させるかということでもあります。

人々が楽しくなり、嬉しくなるような会社でなければ、心とお金は一過性のモノとなってしまいます。心と金運はつねに連動しているのです。その原動力が、美しい尊厳のある宇宙であり、人々のためになる、人々を幸せにする会社であるわけです。

誰もが喜び楽しめる環境をつくる
自分の感情をコントロールする

「M＝M＝C＝C」と関係する話を続けましょう。

集英社の『週刊ヤングジャンプ』の編集長を務め、多くのビッグアニメーターを育てた角南《すなみ》攻《おさむ》（一九四四〜二〇一四）さんは、電車の車内で『ヤングジャンプ』を読んでいる人が何ページの何を読んでいるかを観察すれば、その号の売れ行きがだいたいわかったといいます。その域に達するには、つねに人が楽しそうにしていることや面白そうなことを、好奇心をもって探して歩くということが大事なのだと話していました。

角南さんは亡くなる直前まで明るい人で、人を悲しませることを可能な限り回避していました。最期はガンで入院していたのですが、病室に誰も呼ばず、亡くなる直前も奥さんに「雑誌買ってきてくれないか」と頼み、奥さんがその雑誌を買って返ってくるともう亡くなっていたといいます。

角南さんの生き方を見ていると、『ヤングジャンプ』という雑誌をどうして大きくできたかがわかってきます。彼はどれだけ多感期の若い人たちを楽しますことができるかをつねに考え抜いて誌面をつくっていたからです。その中から漫画文化やアニメ文化が誕生したといっても過言ではありません。実際、集英社からは『鬼滅《きめつ》の刃《やいば》』というヒット作が生まれており、角南氏のつくった伝統は受け継がれているように思います。

会社の仕事といっても、要は人々の心をどれだけ楽しませ、幸せにできるかなのです。人は楽しそうにしている人に引き寄せられます。人を楽しくさせることができる会社には人が集まり、その会社の商品も売れるようになるのです。

目的をはっきりさせたら、その目的を達成することを楽しくイメージすることです。さらに、その目的を楽しむための素材を、好奇心をもってつねに探します。つねに人々を面白くさせることを考えるのです。

その次に大切なのは、自分自身も喜べる体質になることです。しかしながら実は、自分を喜ばせるのは大変な作業でもあります。自分が一番、自分に厳しい存在だからです。それを克服するには、他人を喜ばせることが実は自分の喜びであると知ることしか方法はありません。

そもそも他人を喜ばせることが、本当のビジネスなのです。どれだけ本当に心の底からその人を喜ばせたかが、代償としてもらえるお金なのです。だから、労多くして利益が少ないのは、他人の喜ばせ方が間違っているからだともいえます。有形、無形を問わず商品やサービスが売れないとしたら、何か人を喜ばせるシステムに問題があるはずです。

モノづくりの職人や技術者はよく、「こんなに良いものをつくったのだから、売れるはずだ」と思い込む傾向があります。その考え方がすべて間違っているとは思いませんが、その論法でモノを売り出した人で成功した人はあまり見たことがありません。どんなに良いモノでも、どんなに美しいモノでも、それを売っている人間が楽しそうでないと、人は買いません。本人が楽しそうにしていて、かつ本当に周りの人を喜ばせるモノでないと、その商品やサービスは売れないのです。

自分が良い感情で利益を得て、良い感情で使うということが大事なのです。そういう良い連鎖をもつことです。

お金は、使いすぎたら恨むようになります。無理に儲けすぎても嫌になります。その人にとって必要なお金の流通量というものがあるのです。そのお金をもつことによって、自分自身やその周りが楽しくなるようなお金の出入りの量があるのです。

とくにお金の場合、使い方が大事です。お金を使う場合に、つねに誰を喜ばせようかと思い浮かべることが重要なのです。喫茶店に入って、コーヒーを頼むだけで、店員に威張り散らす人もいれば、心から「ありがとう」と感謝して、コーヒーを楽しく飲んでお金を払って出ていく人もいます。そこには雲泥の差があります。当然、後者の人と仕事をするほうが良い仕事ができて、かつ仕事の輪が広がっていきます。お金を使うこともサービスなのです。

つまり、お金を払うほうも、もらうほうも、楽しく豊かになるように努めるべきなのです。

心と宇宙がつながるようになれば、それも簡単にできるようになります。個人も、顧客も、会社も、宇宙も、すべてが喜び楽しめるようになることが、未来の地球経済のあるべき姿なのです。

あとがき

一部の方はご存じのように、私は昭和四九（一九七四）年の中学二年生の少年期に、この世界に足を踏み入れました。一九七〇年代の半ばといえば、映画では『エクソシスト』が流行り、ユリー・ゲラーの来日でスプーン曲げが大流行したころです。「雪男だ」、「心霊写真だ」、「コックリさんだ」といっては中岡俊哉《としや》氏らのいわゆる「オカルト本」が売れ、矢追純一《やおいじゅんいち》氏のＵＦＯ番組が大評判になった時代でもありました。私の場合は、当時「超能力少年」と呼ばれ、テレビ、雑誌などに取り上げられました。

世の中の大半が、超常現象とか、人間のもっている超能力などの不思議な能力を肯定的に考えていた時代でした。そのような追い風の時代に私は、強い因果因縁をもって、この世界の住人になったのです。当時、評論家の小林秀雄氏は超能力などあって当たり前だと主張していたし、ノーベル生理学・医学賞を受賞した利根川進氏も実際にスプーン曲げ少年のところにいって、スプーン曲げを間近で肯定的に観察していました。

東京大学で電子工学を学ばれ、私もたいへんお世話になった大先生である橋本健工学博士は、「念は別次元にたくわえられ、やがて現象世界に出現する」と話されていました。橋本先生は、「それが一つの形としてあらわれたのがスプーン曲げである」と語られました。

実は近代日本において、こうした精神世界ブームはそのときが初めてではありませんでした。明治時代に外来の合理主義や唯物論《ゆいぶつろん》がなだれ込み、「非合理的な考え方を廃すれば人間は自由になるのだ」とばかりに、西洋合理主義が幅を利かせるようになりました。しかし、その過程で「非合理」の烙印《らくいん》を押されて消されていった日本の重要な精神文化がたくさんあったのです。

その反動で「生命主義」という大きな流れが大正時代に生まれました。物事の価値基準を「合理主義のあるなし論や実証主義論」ではなく、「生命を大切にできるか」、あるいは「生命を育てられるか」、「人間をより尊厳をもったものとして、愛でたり向上させたりすることができるか」どうかを価値基準においた生命主義論が台頭しました。

大正時代から昭和の初期にかけては、西洋合理主義と生命主義がうまく共存した時代でもありました。ところが、国粋主義が精神論と相俟《あいま》って国民を戦争へと駆り立ててしまいました。その戦争に負けて、日本の精神主義や国粋主義が槍玉に挙がったのです。日本の精神論は踏みつぶされてしまったわけです。反動とは恐ろしいものです。今度は物質主義万歳の時代が、軍国主義へのアンチテーゼとしてすべてを飲み込んでいきました。

戦争に走ってしまった戦中派世代に反発して、戦後は学生運動が活発になりました。それは、不合理な精神論を振りかざした親の世代に対する反乱でした。その学生運動の根底にあったマルクス主義は、物質的に平等な社会をつくったら、本当に夢のような心安らぐ、精神的にも平等な社会が訪れると考えていたようです。社会主義、共産主義というのは、物質面が平等であれば心は安らぐという天国のような社会を標榜《ひょうぼう》したはずでした。

ところが、いざロシアや中国で共産主義国家が実現すると、まるでジョージ・オーウェルの『アニマル・ファーム』のように、資本主義よりも縦社会の不平等な社会が出来上がってしまったのです。素晴らしい社会だと思った社会が、闘争に満ちた社会になったということは、マルクスの悲願は叶わなかったということにほかなりません。「振り出しに戻る」です。

別にマルクスが悪いわけではないのです。根本原因は、振り子が振れ過ぎて、バランスが悪くなったことにあります。そうした腐敗や衝突は、対極とのバランスを人間が取れないうちは続きます。

こうした対極は、資本主義と共産主義といった制度の問題にとどまりません。八卦がそのことを教えてくれています。八卦では、そのバランスを取らなければならない軸が四つあるわけです。それだけ人間が、より複雑で奥深い生き物なのだということなのかもしれません。

ここで私たちがもう一度考えなければならないのは、「心安らぐ」とは何なのかということなのです。実は安らぎとは、こだわりのないバランスのとれた心の状態をいうのです。それは、人間の能力をお互いに認め合えて、自由に表現できる世界とはどういう世界か、ということでもあります。自分の対極にある性質を否定してはいけません。なぜなら、それは自分の能力の否定にほかならないからです。八卦すべての性質を平等・対等に見る——それが精神平等主義です。

やはり、精神平等主義がここになくてはならないのです。精神平等主義が樹立されない限り、どんなにモノがあふれても、満たされることはありません。こんなにもモノがあふれているのに、不満をいったり権利主張をしたりしているということは、何かがおかしいのです。精神的な平等や、本当にその能力をお互いに認め合うことこそ、これからの社会に求められていることなのではないでしょうか。

精神主義は、対極にある物質主義や実証中心主義、あるいは唯物論的なものとぶつかって発達してきました。いまの精神世界の底上げをしてきたのです。だからこそ、一九七〇年代には全共闘世代で社会との摩擦を経験したり内輪もめで辛《つら》く悲しい思いをしたりした人たちがたくさん、精神世界に癒しを求めてやってきたのです。その中には、巨大宗教に取り込まれていった人たちもいれば、頭でっかちの理想論に飲み込まれていった人たちもいました。

いまはまだその混乱状態にあるように思われます。しかし改めて、そういう歴史的状況を踏まえていく必要があります。そう考えたときに、これからは個々の人たちが、自分の能力というものに十分な手間暇をかけて、労力を惜しまずに自分に投資して、バランス良く才能や能力を伸ばしていって自由になることが、いかに重要であるかわかってきます。

それを実現する手助けをするのが、この「オカルト実用大全」です。

神、霊、個人が直線で直接つながる時代が到来したのです。その間に代理人とか教祖など仲介者を挟まない時代がとうとうやってきたのです。皆、そのことを心の奥底では知っているはずです。

神様を信じている人の数が減っていないのが、その証拠です。お正月には初詣に出かけるし、霊の話も毎年夏になると、怪談が好んで語られ、心霊論が出てきます。霊を信じるならば、神を信じない理由はないはずです。

これからは神、霊、個人という、この関係がますます重要になってゆくでしょう。その関係をスムーズになるような方法論を本書に書いたつもりです。すべてがバランスの取れた「心の形」で決まるのです。宇宙のバランスは、あなたの手のひらの上にあるのです。

●「卦」の基本性質一覧表

	基本性質・人間像の目安	気をつけること	力を強めるグッズ・シンボル	向いている職業
1 乾(けん)の人	人に頼らず、何事も自分で率先してやろうとする性質。積極性や指導力はあるが、選り好みが強く、やがて孤独になったり、独裁者になったりする場合もある。	唯我独尊にならずに、たまには人を頼りにしたほうがうまくいく。目的を常にはっきりさせ、見誤らないこと。高い場所に行って星を見たり、宇宙のことを考えたりすると良い。イメージの拡大がテーマ。	天、宇宙、ジェット機、高級車、高級品、高層ビルの最上階、青空、雲、円形や球形、灰色、北西。食べ物は、高級食材、果実、大豆などの種。多くの人が認めるもの、極めたもの。	経営者、政治家、宗教家、芸能人。集団のリーダー、思想家、監督、プロデューサー。
2 兌(だ)の人	快活でコミュニケーション能力が高い性質。天真爛漫で雄弁だが、言葉が過ぎることがある。プレゼンテーションや営業で能力発揮する人が多い。	しゃべりすぎないで、いわないタイミングを計ること。湖や湿地帯、渓谷にいくと良い。唇や喉を常に潤わせておくのも良い。アクセサリーは運を上げる力になる。	沢、お金、花、子供、金属製のモノ、キラキラ光る宝石類、刀、ボート、白い動物、三日月、白色と金色、西。食べ物は、白身魚、鶏肉、大根、蕪、白菜、豆腐、牛乳、白ネギ、エビ、バナナ、オリーブ油、マヨネーズ。	金融業、流通業、営業、外交員、ブロガー、アナウンサー、司会者、教師、歌手。広告代理業、広報、船に関わること。

	3 離(り)の人	4 震(しん)の人
基本性質・人間像の目安	熱意や激しさをもち、おしゃれなど表面を着飾ろうとする性質。裏がなく情熱的である一方、感情的になりやすい面がある。情が第一となりやすい。自分も他者も感情が良くなることを考える。	人間関係を最優先する性質。協和的で協調性に優れているが、「寄らば大樹」で他動的・受動的になる傾向もある。
気をつけること	表面的なことにこだわりすぎないこと。プライドを傷つけられたときでも怒らずに、心を鎮める。心の傷を回復させることが重要。灯(照明)を拭いてきれいにしたり、シャンデリアなどで照明を明るくしたり、皮膚や髪の毛をよく手入れしたりするのも良い。	どういう集団に属するかを見極めること。常に人に囲まれているとよい。年をとっても一人で隠居しない。家族と同居をするか、ちょっと賑やかな所で暮らすほうが生命が強くなる。
力を強めるグッズ・シンボル	火、あでやかなモノ、光、火山、甲殻類、大型の鳥、野鳥、三角形、赤色、南。食べ物は焼き魚、赤身、焼き肉、甲殻類、酒(特に赤ワイン)、赤唐辛子、トマト。昆虫、鎧、映画、印刷物、本、写真、花、仮面、照明。	雷、植物、森、林、祭、音楽、電気製品、街の人ごみ、長方形・円柱、青色と緑色、東。食べ物は青物野菜、ワサビ。枝、複雑化するもの。プログラム、考えるもの、パズル。
向いている職業	作家など文筆業、演出家、写真・映像関係、芸術家、デザイナー、漁業。外交的な事業。花を扱う仕事。	イベント企画、大企業の社員、林業・造園業、電気・家電産業、音楽業界。何かを育てる仕事。

5 巽(そん)の人	6 坎(かん)の人
抑圧や混乱から解放され、自由になろうとする性質。伝統や規則にこだわらず斬新なことをする反面、無責任なところもある。旅をすること、動くことが好き。	何事も深く掘り下げる性質。集中力があり、賢者的である反面、オタク(閉鎖的)になり、社交性を失う場合もある。
自由を履き違えないこと。なるべく逃げないようにする。風の通り抜ける高原や岬の突端に行くと良い。台風や嵐の後に新しいことに挑戦すると意外に発展する。	周囲をよく見て、環境を掌握すること。空気を読み、相手の気持ちをわかろうと努力する。気が散らないで落ち着ける勉強部屋があると良い。
風、風に舞うもの、布、繊維、糸、毛、草原、雲、台風、煙、紙飛行機、自転車、シャボン玉、曲線・波形、紫色、南東。食べ物はそば、うどん、パスタなど麺類、つるモノ、紫芋、キノコ、胡椒、塩。	水、滝、雨、断層、穴、割れ目、井戸、洞窟、首の長い花瓶など凹型のもの、黒色、北。食べ物は昆布、黒ゴマ、海苔など黒いもの、つくだ煮、イカ墨、ソース。
レーサー、パイロット、冒険家、繊維・織物関係、書道家、理容師、麺類など細くて長いモノに携わる仕事。乗り物に関わる事。冒険家。	匠などの職人・達人、ゲームなどのプログラマー、専門家、修行者、研究者。

	7 艮(ごん)の人	8 坤(こん)の人
基本性質・人間像の目安	積み上げたり、伝統的なモノを踏襲したり、歴史的なことを調べたりすることを好む性質。持続性、計画性、忍耐力がある反面、頑固になりやすい。	寛大で親和性があり、受容力がある性質。包容力があり安定感がある反面、八方美人的ですべてを受け入れてしまうので、内部で混乱や矛盾が生じることがある。
気をつけること	意地を張らず、寛容になること。マンネリに陥らないようにする。本や資料を整理したり、図書館や古本屋、骨董品屋、古い神社に行ったりすると良い。	何でもかんでも受け入れるのではなく、時には良く選ぶこと。安請け合いをしない。大地を感じられる場所や先祖とつながれる場所にいくと良い。
力を強めるグッズ・シンボル	山、丘、山岳、立石、磐座(いわくら)、凸型のもの、藍色、北東。食べ物は、紫蘇、ナスの漬物、醤油。神社、寺、城、遺跡、博物館。	大地、陶器など土のモノ、畑、田園、砂、泥、平野、地球儀、細(さざれ)石、正方形、桃色・橙色。食べ物は、カボチャ、人参、ジャガイモ、豚肉、米、パン、味噌。
向いている職業	歴史研究家、伝統継承者、公務員、登山家。学芸員、先生、研究者、伝統工芸作家、考古学者。	カウンセラー、旅館業、農業、陶芸家、細工職人、薬剤師、パティシエ、和菓子職人、プログラマー。

●数字と形と色がもつ基本的な性質と力

数	形	色	基本的な性質	象徴	関係する力
1	丸○	グレー	神々しいこと、新しいこと、イメージがひろがることが始まる	天	指導力・統率力・率先力
2	三日月☽	白	離れたりくっついたりする、楽しくなる	金	金運・コミュニケーション力
3	三角△	赤	感情的になる、おしゃれになる	火	愛情運・情熱・感情力
4	長方形▭	緑	豊かに安定する、人が集まる	木	健康運・協調力・協和力
5	波形〜	紫	自由になる、風に乗る	風	創造力・冒険力・革新力
6	凹	黒	生命力が強まる、直感的になる、情が深まる	水	直感力・潜在力・集中力
7	凸	藍色	力が積み上げられる、伝統を継承する	山	踏襲力・蓄積力・継続力
8	正方形□	ピンク	受け入れる、優しくなる	土	受容力・包容力
9	∞(無限)		リセットする、超越する	神性	変革・超越力
0			より積極的になる		推進力・加速力・増幅力
10			1の性質が強まる		
20			2の性質が強まる		
30	…以下同じ。				

●数字と形の出現順による64の未来占い：キーワード・意味・卦・八卦の順番（□は長方形）

先／後	1（○・グレー・北西）	2（☽・白・西）	3（△・赤・南）	4（□・緑・東）
1（○・グレー・北西）	11（○○）：**王者の創造力**。運気は最高で、動けば実る。**乾為天**（けんいてん）：1	21（☽○）：**虎の尾を踏む**。恐怖を克服し、正攻法や正しい心でピンチを脱出せよ。**天沢履**（てんたくり）：10	31（△○）：**協力と公平**。周囲の人と協力しながら、一つの目標を達成せよ。**天火同人**（てんかどうじん）：13	41（□○）：**素直さと無邪気さ**。妙な作為や姑息なことをせず、本来の力を正しく引き出せ。**天雷无妄**（てんらいむぼう）：25
2（☽・白・西）	12（○☽）：**決断のとき**。しっかりと決断して、あとは天に任せよ。**沢天夬**（たくてんかい）：43	22（☽☽）：**重なる楽しみ**。陽気なパワーを楽しめば、運気が大きく育つ。**兌為沢**（だいたく）：58	32（△☽）：**革命のとき**。自己を変革して、チャンス到来の準備をせよ。**沢火革**（たくかかく）：49	42（□☽）：**従順**。人のアドバイスに耳を傾け、独断的な理屈よりも直感を使って行動せよ。**沢雷随**（たくらいずい）：17
3（△・赤・南）	13（○△）：**大量に所有する状態**。太陽のような力があるときなので、迷わず行動せよ。**火天大有**（かてんたいゆう）：14	23（☽△）：**対立**。意見の食い違いが鮮明になるが、歩み寄りを模索せよ。**火沢睽**（かたくけい）：38	33（△△）：**まといつく炎**。感情の暴走に歯止めをかけ、理性を使ってメリハリを付けよ。**離為火**（りいか）：30	43（□△）：**噛み砕く**。目の前の問題にじっくりと取り組み、綿密な計画を立てて着実に実行せよ。**火雷噬嗑**（からいぜいこう）：21
4（□・緑・東）	14（○□）：**大きな力**。非常に勢いが強い時期なので、前進あるのみ。**雷天大壮**（らいてんたいそう）：34	24（☽□）：**未熟**。機は熟していないので、背伸びせずに冷静に見極めよ。**雷沢帰妹**（らいたくきまい）：54	34（△□）：**豊かさ**。エネルギーにあふれたときなので、さらなる豊かさを求めよ。**雷火豊**（らいかほう）：55	44（□□）：**大逆転・大発展**。奮起のときなので、目標に向けて果敢に行動せよ。**震為雷**（しんいらい）：51

5 （〜・紫・南東）	6 （凹・黒・北）	7 （凸・藍色・北東）	8 （□・ピンク・南西）
51（〜○）：**出会いのとき**。予期せぬ出会いがあるときなので、冷静に見極めて行動せよ。**天風姤**（てんぷうこう）：44	61（凹○）：**闘争と激突**。感情的に相手を批判せずに、自らを振り返り、言動を控えめにせよ。**天水訟**（てんすいしょう）：6	71（凸○）：**勇気ある逃走**。引き際の鮮やかさを学び、タイミングを見極めて撤退せよ。**天山遯**（てんざんとん）：33	81（□○）：**停滞と逆境**。運勢が荒れているので、焦らず飾らず、何事にも広い心で接せよ。**天地否**（てんちひ）：12
52（〜☽）：**過剰、過大**。何事も過度になっているので、状況を整理する必要がある。**沢風大過**（たくふうたいか）：28	62（凹☽）：**苦難**。言葉が信じられなくなるときなので、慎重に行動せよ。**沢水困**（たくすいこん）：47	72（凸☽）：**感情の交流**。感情の交流が強まるので、感情に流されることなく、良い交友関係を築け。**沢山咸**（たくざんかん）：31	82（□☽）：**盛りだくさん**。大勢の人が周囲に集まって来るときだが、はしゃがず冷静に対応せよ。**沢地萃**（たくちすい）：45
53（〜△）：**鍋で煮る**。満ち足りた状態にあるので、計画をドンドン進めよ。**火風鼎**（かふうてい）：50	63（凹△）：**未完成**。いまだ完成していないので、さらなる高みを目指せ。**火水未済**（かすいびせい）：64	73（凸△）：**放浪**。迷って放浪するのではなく、目的を持って旅に出て、人の意見を聞け。**火山旅**（かざんりょ）：56	83（□△）：**一歩ずつ前進**。徐々に運勢が良くなるので、迷いや恐怖心を抱かずに歩め。**火地晋**（かちしん）：35
54（〜□）：**持久力**。気持ちを新たに、勇気をもってやって来たことを続けよ。**雷風恒**（らいふうこう）：32	64（凹□）：**雪解け**。苦しい時期は過ぎたので、のびのびと、だが浮かれずに行動せよ。**雷水解**（らいすいかい）：40	74（凸□）：**あと半歩の勇気**。少々行き過ぎているので、できる範囲でやや控えめに行動せよ。**雷山小過**（らいざんしょうか）：62	84（□□）：**熱意と行動**。苦しい時期が過ぎ去ったが、油断せずに積極的に行動せよ。**雷地予**（らいちよ）：16

先＼後	1（○・グレー・北西）	2（☽・白・西）	3（△・赤・南）	4（▭・緑・東）
5（〜・紫・南東）	15（○〜）：**自分を抑える勇気**。小さな障害にとらわれず、未来を信じて待て。**風天小畜**（ふうてんしょうちく）：**9**	25（☽〜）：**誠心誠意**。誠実で誠意ある行動をとれば、運気は上昇する。**風沢中孚**（ふうたくちゅうふ）：**61**	35（△〜）：**家庭**。家族を大切にし、家族の意見も取り入れよ。**風火家人**（ふうかかじん）：**37**	45（▭〜）：**増えていく**。運気が増しているときなので、内面の豊かさを蓄えよ。**風雷益**（ふうらいえき）：**42**
6（凹・黒・北）	16（○凹）：**積極的に待つ**。第六感を磨いて、チャンス到来を待て。**水天需**（すいてんじゅ）：**5**	26（☽凹）：**節度・節目**。過度にならぬよう調節して、状況を把握せよ。**水沢節**（すいたくせつ）：**60**	36（△凹）：**完成**。目標は達成されたので、新たな目標を設定せよ。**水火既済**（すいかきせい）：**63**	46（▭凹）：**努力と持続力**。目の前の障害を乗り越えれば、道は開ける。**水雷屯**（すいらいちゅん）：**3**
7（凸・藍色・北東）	17（○凸）：**蓄積と抑止**。地道な努力と忍耐が大いなる飛躍につながる。**山天大畜**（さんてんたいちく）：**26**	27（☽凸）：**損して得とれ**。減らしたり損したりする時期だが、その分得るモノもある。**山沢損**（さんたくそん）：**41**	37（△凸）：**華やかさと確かさ**。すべてを美しく飾り、自分自身を見つめ直せ。**山火賁**（さんかひ）：**22**	47（▭凸）：**養生する**。次のステップに進むために、まずは心身をよく養え。**山雷頤**（さんらいい）：**27**
8（□・ピンク・南西）	18（○□）：**平和と安定**。心を安らかにして、大きな運気をつかめ。**地天泰**（ちてんたい）：**11**	28（☽□）：**その時が来る**。準備を整えて、タイミングよく運気をつかめ。**地沢臨**（ちたくりん）：**19**	38（△□）：**闇に閉ざされる**。暗闇の中でも自分の力を信じて、今はただ耐えよ。**地火明夷**（ちかめいい）：**36**	48（▭□）：**回復**。運勢が大きく好転するので、浮かれずに、だが前向きに進め。**地雷復**（ちらいふく）：**24**

5（〜・紫・南東）	6（凹・黒・北）	7（凸・藍色・北東）	8（□・ピンク・南西）
55（〜〜）：**自然体の魅力**。流れに逆らわず、身を任せて気持ちを楽にせよ。**巽為風**（そんいふう）：**57**	65（凹〜）：**春の予感**。つらい時期は過ぎ去ろうとしているので、努力と誠意があれば報われる。**風水渙**（ふうすいかん）：**59**	75（凸〜）：**緩やかな発展**。運が良くなりつつあるので、焦らずに穏やかに進め。**風山漸**（ふうざんぜん）：**53**	85（□〜）：**観察と熟考**。視野を広げ、洞察力を深めるときなので、見聞を広げて着実に前進せよ。**風地観**（ふうちかん）：**20**
56（〜凹）：**井戸**。当たり前のことに感謝して、潜在意識を活用せよ。**水風井**（すいふうせい）：**48**	66（凹凹）：**溺れる**。危険な状態にあるが、希望をもって元気を取り戻せ。**坎為水**（かんいすい）：**29**	76（凸凹）：**目前の障害**。立ち往生しているが、自分の力を知って果敢に行動せよ。**水山蹇**（すいざんけん）：**39**	86（□凹）：**親和力**。交友関係を積極的に広げ、人と協力して目的を達成せよ。**水地比**（すいちひ）：**8**
57（〜凸）：**腐敗**。病巣を大胆に切り捨てれば、運気も回復する。**山風蠱**（さんぷうこ）：**18**	67（凹凸）：**未熟さの自覚**。未熟であることを自覚し、知識と経験を豊かにせよ。**山水蒙**（さんすいもう）：**4**	77（凸凸）：**不動**。自分の信念を曲げずに、黙々とやるべきことを続けよ。**艮為山**（ごんいさん）：**52**	87（□凸）：**剥奪**。困難な時期を迎えているので、無理に行動せず、今はじっくりと待て。**山地剥**（さんちはく）：**23**
58（〜□）：**天を目指す**。運気が良くなってゆく時期なので、焦らず着実に歩め。**地風升**（ちふうしょう）：**46**	68（凹□）：**自己制御**。バラバラになっている思いや力を整理して、一つに統率して臨め。**地水師**（ちすいし）：**7**	78（凸□）：**謙虚さと柔和さ**。控えめな態度と優しい言葉で、運気を呼び込め。**地山謙**（ちざんけん）：**15**	88（□□）：**受容する力**。第六感が冴えているときなので、否定せずにオープンマインドで受容せよ。**坤為地**（こんいち）：**2**

佐々木九平『催眠術における精神の現象』矢嶋誠進堂書店、1903年
佐藤六龍『秘解 測字占法』明玄書房
渋江易軒『人身磁力催眠術』大学館、1909年
品田俊平『心教』心教学院、1913年
高島象山『数理観相学』科学予言総本部、1930年
竹内勝太郎『天源十二宮講義』永楽堂書店、1927年
竹内楠三『催眠術（第一号〜第三号）』大学館、1904年
竹内楠三『天眼通実験研究』大学館、1908年
武田芳淳『心靈の威力』日本心靈大学出版部、1926年
千葉弘観『天候六尊秘宝第１巻』佛教研究社、1912年
常光徹『うわさと俗信』河出書房新社、2016年
中井久夫『西欧精神医学背景史』みすず書房、1999年
仲小路繁子『霊感トランプ預言法』仲小路一照園出版部、1925年
橋本徹馬『超科学に見たる諸病対策事典』紫雲荘、1980年
松浦琴生『地理風水萬病根切窮理』（乾・坤）、生々館、1889年
松本貞二郎『日本神典及神ながら道』皇道普及会、1930年
村上辰午郎『村上式注意術講話』明文堂、1915年
守田宝丹『変災前知身体保全法』愛善社、1895年
森本郎重三郎『因明術講和』明昇堂書店、1913年
八木喜三郎『観相発秘録』八木観相塾
山田照胤『身上判断祟災病秘伝』神宮館、1917年
柳田幾作『周易講義』誠ノ堂書店、1906年
陽新堂主人『八品神機幽玄術』三進堂書店、1926年
蘆塚斉『手相即坐考』1806年
綿谷雪『ジンクス―運と偶然の研究』三樹書房、1980年
渡辺藤交『呼吸式感応的治療秘書』日本心靈学会、1914年

◉参考文献

秋山眞人『超能力開発マニュアル』朝日ソノラマ、1986年
秋山眞人『「気」で心と体が変わる』TBSブリタニカ、1995年
秋山眞人『潜在能力開発法』ごま書房、1996年
秋山眞人『フェアリーキティの開運辞典』サンマーク出版、1998年
秋山眞人『願望実現のためのシンボル超活用法』ヒカルランド、2012年
秋山眞人・布施泰和『楽しめば楽しむほどお金は引き寄せられる』コスモ21、2014年
秋山眞人・布施泰和『あなたの自宅をパワースポットにする方法』成甲書房、2014年
秋山眞人・協力／布施泰和『シンクロニシティ 願望が実現する「偶然」のパワー』河出書房新社、2019年
秋山眞人・協力／布施泰和『しきたりに込められた日本人の呪力』河出書房新社、2020年
青柳綱太郎『不老不病の雲法』朝鮮研究会・博文館、1918年
新井白蛾『古易一家言』大阪書林、1754年
井上鶴洲『易術貨殖伝』宮崎一二堂、1850年
岩橋三渓 序文 福来友吉『いろは歌と其の眞理』本田教育会、大正9年
宇佐美景堂『霊能者とその周辺（回想編）』霊響山房、1978年
宇佐美景堂『霊能者とその周辺（幽魂編）』霊響山房、1979年
宇佐美景堂『心霊学と心霊術（復刻版）』霊響山房、1980年
太田新『観相道と天寿学』泰流社、1995年
太田龍『日本神道と天寿学』泰流社、1994年
小笠原孝次『言霊百神』東洋館出版社、1969年
小倉曉風『御道の寶』成章堂、1921年
亀田壹（一）弘『家庭寶（宝）典』共同館、1934年
空海秘伝佐々木高明訳述『天文運機術 天地人三道極意』松成堂、1909年
栗田英彦ら編『近現代日本の民間精神療法』図書刊行会、2019年
桑田欣兒『養心道』帝国心霊研究会、1932年
桑原敏郎『精神霊道・全』開発社、1910年
桑原敏郎『実験記憶法』開発社、1903年
憲栄師（天台沙門）『易術秘伝八卦決定集』智蔵院撰、発行年不詳
小熊虎之助『夢の心理』江原書店、1919年

秋山眞人　あきやま・まこと

1960年生まれ。国際気能法研究所所長。大正大学大学院文学研究科宗教学博士課程前期修了。13歳のころから超能力少年としてマスコミに取り上げられる。ソニーや富士通、日産、ホンダなどで、超能力開発や未来予測のプロジェクトに関わる。画家としても活動し、S・スピルバーグの財団主催で画展も行なっている。コンサルタント、映画評論も手がける。テレビ出演多数。著書は、『しきたりに込められた日本人の呪力』『巨石文明　超テクノロジーの謎』ほか、100冊を超える。
公式ホームページ　https://makiyama.jp/

布施泰和　ふせ・やすかず

1958年生まれ。英国ケント大学留学を経て、国際基督教大学を卒業（仏文学専攻）。共同通信社経済部記者として旧大蔵省や首相官邸を担当した後、96年に退社して渡米、ハーバード大学ケネディ行政大学院ほかで修士号を取得。帰国後は国際政治や経済以外にも、精神世界や古代文明の調査、取材、執筆をおこなっている。秋山眞人氏との共著も多数。

開運！オカルト実用大全

二〇二一年二月一八日　初版印刷
二〇二一年二月二八日　初版発行

著　者――**秋山眞人**
協　力――**布施泰和**
企画・編集――株式会社夢の設計社
東京都新宿区山吹町二六一　郵便番号一六二-〇八〇一
電話（〇三）三二六七-七八五一（編集）

発行者――小野寺優
発行所――株式会社河出書房新社
東京都渋谷区千駄ヶ谷二-三二-二　郵便番号一五一-〇〇五一
電話（〇三）三四〇四-一二〇一（営業）
http://www.kawade.co.jp/

DTP――アルファヴィル

印刷・製本――中央精版印刷株式会社

Printed in Japan ISBN978-4-309-24994-0